只要我真誠又良善的生活著，

就當得起這世上的一切美好事物。

十二篇關於生死、友誼的生命故事

普羅旺斯的聖誕夜

A Christmas Eve *in* Aix-en-Provence

范毅舜

Nicholas Fan

目錄

contents

自序

在逆境中看見希望

往年，每將新書文稿交出、壓力卸除前，我不敢貿然放空，反而像潛水伕般繼續書寫，漸次抒壓的回歸正常作息。這幾篇對我有減壓、遣懷之效的小故事，就是在歷年的出版間隙中寫出，它們最後能集結成冊出版，純屬意外。

全書十二篇故事都是我切身經歷，其中幾篇是對過世朋友、親人的緬懷。這年頭，工作至上，就連摯友過世都無法認真悼念，這幾篇紀念他們的故事除了懷想逝者，更對我有治療作用，讓我從悲悼中找出積極意義。

范毅舜

全書更有三篇寫於千禧年間。彼時我遭遇情感背叛，身心靈俱創。我在努力復原期間寫了幾篇雜感，也曾發表，但寫得不好。直到這本書，我才有機會將這幾篇故事重新整理，視為生命成長的合併出版。人生不進則退，原地踏步一樣危險，為此我們不得不以成長為由，在不同階段向無以為繼的人、事、物告別。當我在時間這頭修剪這幾篇故事時，竟彷彿像旁觀者般的不再受情緒牽扯。如此轉變，除了得在生命長河前謙卑，更益發體會人生當一路往前，那些看似過不了關的苦痛，最後都會成為生命能量，讓我們更勇敢的去擁抱美麗事物。

十二篇故事最特殊的應是第十一篇的〈呂楠〉，及第十二篇的〈靜山．馬神父〉。

呂楠是大陸近年最受矚目的攝影家，我寫了年輕歲月時與他的一段奇緣。人生有很多無法解釋的因緣際會，當年一個微不足道的小舉動，在時空移轉後，卻沉澱為寶貴的人生信念。我十足感恩這體悟。然而我更高興，迄今，我與呂楠仍是無話不聊、繼續在各自領域馳騁的好友。在這，我更要感謝呂楠無私提供了這篇故事的照片原稿。

第十二篇〈靜山．馬神父〉更是意外：我的靈修導師——在靜山服務多年的馬志鴻神父，希望我能將他所寫的神修輔導經驗整理出版。我著手進行，卻力有未逮。這故事正是我努力嘗試與他神修提要合併出版的試寫。馬神父近年老病纏身，書寫期間，我除了再次體會那段與他一起的靜山歲月，心底更有種說不出的悵然。我終究無法達成馬神父使命。這篇我與他交集的故事，讓我稍稍減低這份遺憾。

年輕時，凡事都想刨根究底，急欲找出解答，直到寫出這些故事，才猛然了悟，大多時候，我們唯一能掌握與調整的，是面對這些問題的態度。

這十二篇純為個人抒壓遣懷的故事，都是發生在自己身上的人、事、物經歷與感想，為此，我很難將它清晰定位，只能算是另類心靈成長爬梳。讀者若能從中有個愉悅的閱讀時光，或獲得一些正面能量，已令我感心。

我得感謝很多來不及說謝謝的朋友。能夠及時珍惜周遭的人及被人所愛，都是千載難逢的殊勝恩典。我將這本小書獻給書中所提到的幾位友人，更獻給馬神父。藉著此書，再度向他回應：我能做出對他最好的回饋，僅是向他保證，我會盡力做個快樂、身心靈健康的人。我祝福讀者們也能如我這般幸運的，在生命中常有好友相隨，在逆境中能看見希望且為它獻身。

共勉之！

漂流木上的小沙鷗

「這漂亮的海鷗，應該是保羅（Paul）神父的收藏吧？」

我在保羅神父昔日房舍，現今由傑夫（Jeff）神父居住的餐廳矮櫃上發現這個以木頭刻成的海鷗。

「你眼真尖，這的確是保羅的東西。」

「他的收藏不是被他家人拿光了，怎麼還會有這麼一個漂亮的小玩意留下來？」

「好東西的確被搬的差不多了，這小物件是我在一個未被打開的紙箱中找到的……」

撫看這個有三隻海鷗於漂流木上的雕刻，其中一隻還大展雙翼地準備下降，活靈活現模樣，讓我幾乎可聽到濤聲和嗅到海風氣息……。

「你怎麼會認識保羅？他可不好相處。」傑夫神父好奇的看著我。

「我跟他只有一面之緣，前後不到兩小時，卻讓我銘記一生。」我說。

第一次來博登鎮是乍暖還寒的四月天，修道院裡有許多樹齡很高的大樹。我就是在欣賞這些樹木時，信步來到保羅神父的屋前。斯人已逝，修院裡的大樹仍昂首、風姿綽約地迎向另一個春天。

二〇〇四年，我北上紐澤西州，去拜望從台灣輔大退休的侯修士，他所屬的會院位於長春藤名校、普林斯頓大學不遠處的博登鎮（Bordentown）。佔地廣大的會院曾經是該修會培育會士的搖籃。六〇年代，這兒還有專供會士讀書的中學，隨著修道人數銳減，中學早已拆除，只剩下一棟兩層樓建築給退休神父住。

此外，在大門右側還有一棟維多利亞式的殖民建築。保羅神父當年就獨居在這兩層樓的建築裡，原來他的另一項專長是心理諮商，為避免打擾修院作息，他乾脆住進這棟獨立於會院外的房子。

某天下午，我在廣大會院散步，無意間走到這座屋前。白色磚牆的建築，在午後、琥珀色陽光中，洋溢著一股甘醇美酒般的詩意，我情不自禁的拿起相機……。

「你在拍什麼？當偵探嗎？」一個低沉的聲音自白屋台階上的門後傳來。

一位身著羅馬領上衣，滿臉落腮鬍的神父，倚著門邊對我說話。

「你屋子的牆面配上這些花草真是漂亮！」我讚嘆的說。

「很少有神父能把花草照顧得這麼好！」我情不自禁地按下快門。

「我是保羅，你想不想喝點東西？」他推開門請我進去。

這是我第一次見到保羅神父，在此之前，我只知道他是神父兼專業心理治療師。

「你自己逛逛，別拘束。」保羅神父煮咖啡時有點喘的對我說。

我環顧室內，發現這是間滿是海洋風味的神奇之屋！從客廳到書房、廚房、餐廳，舉目所及全是以海洋為題的不同裝飾。有以大海、船隻、燈塔為題的海報、畫作，桌上、書架上，所有能放東西的櫃子上，放滿了以海鳥、小魚等木製小裝飾。更特殊的是，這些雕刻全是手工製作，獨一無二，上面甚至有藝術家的簽名。我對著這些美麗、極具收藏價值的寶藏驚呼連連，並對保羅神父說，這簡直是船長，而不是神父住的地方。我極力找尋房裡有沒有象徵他身分的十字架……？然而，除了手工藝品，屋裡竟還有很多天然，且非常罕見的貝殼……。

「你喜歡這些東西嗎？」保羅神父在我背後問道。

「何止喜歡，簡直是瘋狂著迷！」我把玩著一對木刻熱帶魚，懇切地回答。

從小，我就喜歡海洋，大海的種種都教我著迷。年輕時，我更想盡辦法託人從澎湖幫我找有著扇面形狀的海樹、貝殼，或以珊瑚礁做的裝飾品。眾多收集中，最特殊的莫過於一位居住在望安的老先生以貝殼及水泥作成的麻雀。這些東西，在我出國前，猶如向過往告別般的，大多送了人，然而仍有幾件，縱然光澤盡失、不再精美，卻猶如生命軌跡般的，一直被我帶在身邊，捨不得放下。

「這麼多收藏，一定花了你不少工夫吧？」我問起保羅神父的收集緣由。

「我在波士頓出生，從小在港灣長大，有關海洋的種種早成為我生命的一部分，就算是選擇了神職生活，我仍無法割捨對大海的喜愛……」

「所以你就收集了這麼多有關海洋的小藝術品。」我像知己般的對保羅神父說，「我知道那種感覺。我為你高興，雖然身為神父，你也未以犧牲奉獻之名，將這份情感割捨。」

「你說你來自台灣，你認不認識一位在那裡服務的V神父？」保羅神父隨意問道。

「我當然認識，不過他很多年前就還俗了。我當時還挺反對的，都六十開外的人了，還什麼俗呢？」原來V神父當年在一所著名大學任教，據說所有上過他課的學生，都為他那深具磁性，且低沉的聲音所著迷。

「你對他認識多少？」保羅神父試探的問。

「算有點交情吧，你知道他當年寫過一本自傳嗎？十多年前，我初到美國時，他還寄給我，囑咐我讀完後，再寄給他在芝加哥的好朋友，一位同樣叫保羅的神父閱讀。他說那人是他此生最親密的朋友。」

「啊！你就是那個尼古拉斯（Nicholas），你不是住加州嗎？」保羅神父的眼睛閃耀出炙熱的光芒。

我放下了手中的熱帶魚，狐疑的看著他。

「你就是他老提到的保羅．康納（Paul Connor）啊？」我突然有點尷尬。

我只是路過，被老屋的外觀和前面的花草吸引，沒想到竟會遇到熟人的朋友，感覺這是電影、小說中才有的情節，快被我遺忘殆盡的往事又歷歷在目。我仍記得當年與V神父同處於人生的十字路口。彼時，我要出國答覆一個不被世俗認可的愛情，他卻選擇還俗，我們這兩個年紀相差好幾輪的人湊在一起，竟不是相濡以沫，而是彷彿走上歧路般，各自心事重重⋯⋯。

愛需要學習，更需要勇氣，這方面，沒人是先知。我曾對修院的神父、修士開玩笑說，早知道保羅神父得了絕症，我一定會把他的收藏搜刮殆盡。這當然是玩笑話。當我有機會再來拜訪他們時，已是來年的深秋。白屋人去樓空，層層落葉布滿了進門台階，我卻永遠忘不了那位與我只有一面之緣的保羅神父。

「你喜歡這些小東西？」保羅神父熱切的問道。

「當然，我告訴過你了！」我的回答不似原先那樣興奮，甚至有點反應不過來。

「你如果喜歡，就全部帶走！」保羅神父以肯定卻溫柔的眼光對我說。

聽到這話，我吃驚的瑟縮起來。因為我不知道V神父當年如何向保羅神父形容我？且這些美麗的小玩意可是保羅神父畢生收藏，別說是初次見面，就是混熟了我也不敢拿。

「如果你對這些看不上眼，我還有更好的！」保羅神父突然站起來，帶我進入另一個房間。他仍然懇切的說，「如果你喜歡，儘管拿走！」

「我不隨便拿人家東西的！這會讓我有負擔。」我雖衷心喜歡，卻婉拒他的美意。

「你真的可以擁有它，我會很高興有人欣賞、呵護著它們！」保羅神父好像還有話要說，卻被我打斷。

「可這不是一般紀念品，它們都具有收藏價值，那可是你花一輩子收集來的！」

「所以我要你擁有它！」

我開始忐忑不安。

「我是從事藝術工作的，若我有帶攝影原作，恰巧你喜歡，一定跟你換，可是現在，我什麼也沒帶，我不能白拿你的東西。」我推託的說。

「那不是重點，重要的是你喜歡。」聽到保羅神父這樣說，我再不敢去端詳他的收藏。

「這樣吧，我跟你換一樣東西，我送侯修士幾套以我攝影作品做成的卡片，我先跟他借來和你交換，到時再還他。」

找到侯修士，我拿回卡片，跟他說要去跟保羅神父換一個以木頭雕刻的熱帶魚。

我回到保羅神父的小屋，出乎意料的，他除了烤一盤餅乾，桌上還放了兩個裡面全是泡泡綿的大紙箱。

「你儘管裝，若裝不完，我還有紙箱。」

「你為什麼要把這些東西給別人呢？它們很寶貴啊！要我可捨不得。」我不解的看著他。

「它們跟我很久了，帶給我很多快樂，但我感覺到，你會珍惜它們……」

最後，我還是只拿走那條熱帶魚，更未對任何人提起他要給我畢生收藏的事情，但我忘不了，當我只要那條魚時，他失望的表情。他甚至對我說，如果在離開前，改變了主意，可隨時回來拿。

但我沒再走近那屋子。

三個多月後，我打電話給侯修士，例行的問候每一個人，問到保羅神父時，他卻淡淡的說，他一個多月前就過世了。我驚叫了出來，好端端的人怎麼說走就走了呢？

「你不知道他有癌症嗎？」侯修士在電話那頭大惑不解的問。

「他已經病很久了，你拜訪他的時候正是最後末期。」

我捧著那展翅的小海鷗對傑夫神父說這段讓我銘刻於心的往事。

「那你就把這海鷗拿走吧，保羅應該會很高興的。」傑夫神父將它遞給了我。

「你不喜歡嗎？」我認真的問。

「我覺得它對你更有意義！」傑夫神父為我去找了盒子。

「不用了！我想捧著它走回我住的地方。」

夕陽如火的秋光中，我突然很想念那位與我只有一面之緣的保羅神父。短暫相逢中，他沒有對我流露任何不適與抱怨。直到他故去，我才明白他急於給我畢生收藏的原因，竟是一種對生命、對友情的眷戀與延伸，但我卻辜負了他。

我仔細端詳那正要降落的小海鷗，那美麗的小東西好像飛久了，終於可以踏上礁岩歇歇腳，我心中暗暗祝禱，保羅神父應該在更好的地方了。我將小鳥舉向穹蒼，衷心感謝，當年的遺憾，今日卻得以彌補。

我將這沙鷗與當年拿的熱帶魚放在家裡最顯眼的地方，對我而言，那不只是個謳歌海洋生態的小雕刻，而是個愛的標記，一個永恆、永不褪色的美麗記號。

安端神父的告別

「我上星期看見了一個活木乃伊。」在里昂一見到亞倫（Alain）神父，他就迫不及待地對我說。

「你說誰啊？」我不解的看著他。

「就是安端．李奧（Antoine Lion）啊！他病危好久了，卻仍撐在那兒。」亞倫神父慢條斯理地陳述卻讓我訝異得說不出話來，因為我前來法國的目的就是要跟安端神父談《山丘上的修道院》法文版的出版事宜。

情緒緩和後，我對亞倫神父說，不過三個多月前，我還自美東打電話給他，說可能會來歐洲。彼時，他正在醫院做化療，還教我不要擔心，屆時他一定會好起來，與我見面。

亞倫神父說他不明白，一個人為什麼瘦成這樣，卻還能活著？

我無心繼續這話題，只想立即趕到巴黎探望安端神父。

我極少給認識的朋友拍照。因此，我的好友很少被留影。我從成堆的影像檔案中，意外找到安端神父攝於巴黎辦公室的身影，那日他正為我打電話連絡如何去參訪廊香教堂。

安端神父為我打開了法國境內好幾處藝術殿堂之門，除了豐富我的藝術、更豐富了我的信仰。

我與安端神父認識多年。九〇年末期，我二度前往里昂近郊的拉圖雷特修道院（Couvent Sainte-Marie de La Tourette）時，他正要啟程前往羅馬就任新職。那次邂逅，我除了與他結識，更有機會從他那兒得知一般人無從知曉的修道院設計者——二十世紀最偉大建築師——科比意（Le Corbusier, 1887-1965）的種種軼事，縱然彼時我對科大師興趣缺缺。

再見到安端神父，是十幾年後，他在尼斯（Nice）任修道院院長的時候，那回我們除了有機會深談，更由於我正在書寫幾本歐陸教堂的專書，對藝術有極大熱情的他，除了為我連絡、甚至親自帶我走向這幾個著名的宗教遺跡。多年後，當我開始拍攝、書寫拉圖雷特修道院專題時，他更成為這專案最大支持者之一。

彼時他正從事拉圖雷特修道院幕後催生者——艾倫．考提耶神父（Marie Alain Couturier, 1867-1954）的傳記書寫。在拉圖雷特修道院任駐院藝術家期間，我不時從里昂北上巴黎找他，只要我提到某個問題，他一定會立即從圖書館，把我要的資料找出來。我就是在那兒親炙二十世紀偉大藝術家，像是畢卡索（Pablo Ruiz Picasso, 1881-1973）、馬諦斯（Henri Matisse, 1869-1954）、雷傑（Fernand Leger, 1881-1955）的親筆手稿，他對與艾倫神父過從甚密的大建築家科比意，更是研究透徹，舉凡大師的專業建築、個人軼事，安端神父猶如曾在現場般的瞭若指掌。

由於熱愛藝術，安端神父與法國藝術圈熟識，更擁有幾處宗教藝術殿堂的豐富人脈。例如當

安端神父喜歡藝術，在他房間書架上有這麼一個小小的，收集自北非一個年輕人做的雕塑。「人是什麼？」一直是他在意的議題，這尊小小的頭像似乎也在詢問同樣的問題。

位於阿爾卑斯山的阿熙教堂，是法國現代宗教藝術的誕生地，裡面的一尊十字架還上過《時代雜誌》。原來這尊沒有面容的十字架遭太多教友抗議，終被當地主教下令移除。人對上帝的認識往往習自童年，然而，這上帝形象通常未跟著長大。在安端神父眼裡，藝術家能拓展人們對上帝的想像與深度，而我也在他的安排下來到這座藝術聖殿，親睹這尊當年飽受爭議的十字架。

我要去交通不便的廊香（Chapelle de Ronchamp）、阿熙教堂（Chapelle de Assy）參訪時，他竟能立即安排當地人士接送，而位於普羅旺斯的馬諦斯玫瑰經小教堂（Chapelle du Rosair）更讓我領教他這方面的能耐。

話說當我坐車來到旺斯鎮（Vence）準備去拜訪這座名聞遐邇的迷你教堂時，我先到小鎮中心的旅遊局，詢問如何前往？這旅遊局的女經理可能吃過教堂的虧，竟不客氣的說，那兒的修女正在閉關，不會放人進去。

我耐心解釋，我與她們有約，請告訴我如何去即可？這位女士卻一副「老娘我都進不去了，你憑什麼能進去」的模樣，對我咆哮說，「我告訴你，她們在閉關，你聽不懂嗎？」

這時我火氣也上來了，對她吼說，「妳真可惡！妳若不知道方向，我自己會找。」她被我這氣勢嚇到，便給了我地圖。我卻仍按捺不住怒氣的對她說，「妳等著瞧！我進去給妳看，看妳這種令人作嘔的服務態度，難怪人家討厭妳！不歡迎妳去打擾她們。」

出門後，我氣急敗壞的打電話給人在巴黎的安端神父，他卻笑聲連連，卻又極力低聲下氣的哄我說，「你不要生氣嘛！我馬上跟修女院聯繫。旺斯很漂亮，你去找一家可以看風景的咖啡館，喝杯咖啡，吃點東西，回到巴黎我再給你錢。」

我火氣未消的找了個地方開始喝咖啡，卻擔心若拍不到照片，這書的內容可能會遜色不已。

一刻鐘後，安端神父回電說一切安排妥當，老修女已在那「恭候大駕」。掛上電話前，他開

我能在廊香教堂如入無人之境的攝影，全拜安端神父安排，他說廊香教堂很小，但我肯定能看到不一樣的東西。我在這藝術聖殿享受大師風采。直到安端神父過世，我更肯定人間所有的因緣際會都是寶貴的禮物。

玩笑的慎重交代，要我可千萬別對老修女那麼兇啊！

抵達巴黎道明會院，我請院內神父幫忙打聽安端神父住哪家醫院？院內神父好心的解釋，由於醫生要會診，所以法國人探病大多在下午。已是夜間，我打算第二天午後再到醫院探視安端神父。

清晨起來，驚見窗外陽光燦爛，然而我心中全是陰影。

我臨時決定，不必熬到下午，此刻就去探望安端神父。從地鐵站出來，陽光更加豔麗，然而我竟是要去探視一位臨終病人，我的心情真是五味雜陳。

安端神父打一開始就支持我從事拉圖雷特修道院攝影，這專題前後進行了三年，其中碰到不少瓶頸，安端神父總說，只要書出版了，他就會來張羅法國版事宜。《山丘上的修道院》在幾次延宕波折後，終於精彩誕生，而今我興奮地帶著新書前來，卻要面對他病危的事實。

我頭腦一片空白，看見他，我究竟能跟他說什麼？除了專業醫療人員，這世上不會有人知道如何去面對臨終病人，一個健康、可以四處趴趴走的人，又如何向一位熱愛生命的人說放下，告訴他另一個世界會更美好……

巴黎初春的新鮮空氣、街道兩旁行道樹剛鑽出的綠芽，讓蟄伏已久的城市有股蓄勢待發的昂奮。此刻，若能全然投入花都的繽紛，會是多美好的樂事啊！然而我竟要去向一位好友告別。

廊香教堂是個魔術房子，圖為教堂裡一處小聖堂。這座震古鑠今的教堂，至今仍不獲當地百姓喜愛，但在安端神父眼裡，那可是無與倫比的傑作，是上帝給世人的禮物。就像邀請科比意設計這座教堂的艾倫．考提耶神父，壓根兒不在乎這位建築師生前以無神論者自居。

來到醫院，如入無人之境般的找著安端神父所住的樓層。在走道上，我清楚看見他所屬的病房號碼。我竭力深呼吸，深怕來到門口，會舉步維艱，甚至臨陣脫逃……

隔著半掩的門，我清楚看見亞倫神父所形容的活木乃伊，一位骨瘦如柴的怪人躺在床上，他的頭顱，僅是個附上皮的骷髏。

這竟是曾經帶我上山下海的安端神父？

進門後，我對那躺在病床上的人仔細觀看，像在端詳一個物件，一個奇異活體……，我幾乎可想像被單下的軀體，簡直就是第二次世界大戰集中營裡的餓殍再現。

我伸手去觸摸那仍有溫度、卻怎麼都不願鬆開的雙手。我近身直視他光芒潰散的雙眼，但他卻全然無視於我的直盯著天花板，任憑我對他說自己是誰，他就是了無回應。

嚴實的病房裡，沒有別人，一股令我窒息的空白突然襲來，我再度體會面對臨終病人的虛無與荒謬。我仍記得母親臨終前，我曾詛咒自小崇拜的上帝，祂除了未顯大能，竟還要我們代一身苦痛的她祈求寬恕。我更氣憤這信仰，從未教導我如何面對臨終的不安，卻直接仰望天堂，全然忽視此刻的難耐與無助。

這教人坐立難安的等死氣氛，讓我只想出逃，我甚至感到，若我與安端神父有戀人般的情感，我此刻就會把他給悶死。

「請問你是……？」一位走進病房的陌生人認真的打量我。

我稍稍平復情緒後自我介紹。原來那人是安端神父的弟弟，羅伯特（Robert）先生。

安端神父是道明會士，這古老修會在歐洲赫赫有名。科比意的另一座重要宗教建築是道明會位於里昂近郊的拉圖雷特修道院。我有機會到拉圖雷特修道院任駐院藝術家，雖不是安端神父的邀請，但他從巴黎會院圖書室中為我找出重要史料。我的著作《山丘上的修道院》提到拉圖雷特修道院建築師的換角風波，就是出自安端神父的研究調查。

安端神父來自法國極有名望的猶太家族，我從未過問他們當年如何躲過納粹的追捕，只知除了安端神父，他的兄弟姐妹在法國都有極高成就，就連此刻與我對話的羅伯特先生，都是法國著名的財政大臣。

「他都這個樣子了，為何還有一口氣？是否有什麼放不下的？」我非常不解的望著羅伯特。

「我們也不清楚？就連醫生也覺得奇怪，因為他們未給他做任何積極的維生救治，連氣切也沒做……。」我們四目相望，眼底深處盡是一片茫然。

「那我先告辭了，反正他也認不出我是誰？」我深呼了一口氣，再也無法待在這裡。

我沒說再見便匆匆離開病房。走出醫院，燦爛的陽光竟讓我睜不開眼，我很想找個東西出氣，例如買束鮮花在地上亂踩，或瘋狂的踢個鐵罐搞得四境不安，我就這樣目中無人、如行屍走肉般的一路走回地鐵站，我的巴黎假期全被黑色籠罩。

地鐵站裡，我看到來去匆匆，不知為什麼忙碌的巴黎人？有的人一臉朝氣，有的人憑著一點無聊的伎倆在做另類乞討，我甚至看到一個剛會走路的小孩，咯咯笑個不停的跟爸爸撒嬌。

這就是我跟安端神父的道別？

這人生是怎麼回事？我的信仰對這龐大的虛無又如何註解？我再度感受到潛藏心底的憤怒。不行！我得把它弄清楚！我在巴黎的僅有時光不能被這虛無所瀰漫。我猛然掉頭，往醫院的方向狂奔。

在與安端神父相處時，我壓根兒忘了問他對科比意無神論的看法，他從不認為天主教會擁有唯一上帝詮釋權。與這樣一位教士相處，我反而更有機會認識上帝的不同面向。恰如科比意的拉圖雷特修道院，那豐富的造型與色彩，教人不得不讚嘆，他似乎比傳統教徒更懂得上帝的識見。

「你怎麼又回來了？」羅伯特吃驚的望著我。我慎重回答，「我沒辦法這樣離開他，這太荒謬了！我不能讓這虛無成為我對安端神父的最後印象。」我幾乎失態的繼續說，「我就是能哭出聲，亂罵一通都好，但這空白教我窒息，讓我一刻也無法忍受。」

羅伯特將我領進病房，出乎意料的，他開始對安端神父大喊，「安端！你的朋友尼古拉斯來看你了！他非常好心的從美國來看你啊！」

沉溺在自己世界裡的安端神父這時竟開始有了反應，那原本無法被我鬆開的雙手，這時卻開始四處亂抓，我趕緊將手伸過去，一接觸到我的手，他竟然將它放置胸前，再也不願放開。我的眼淚終於決堤而出，我嘶吼，甚至帶著怒氣的對他說：

「不要再撐在這裡！我准許你離開！那位你畢生追尋的天主，已在另一頭等你，你得勇往直前！」

當我用盡力氣喊出「我准許你離開！」這句話時，站立一旁的羅伯特卻突然號啕大哭，不能自已的跑出病房。

我在安端神父耳邊大聲喊說，你是我見過最瘋狂的神父，也是唯一做過採花賊的神父……

多年前，安端神父開車載我去參觀普羅旺斯幾座著名的羅馬式宗教遺跡。九月天，普羅旺斯薰衣草早已採收殆盡，田野上只剩下被修剪得相當低平的花梗。某日，我們經過了一處未採收的花田，我慫恿安端神父停車稍作打聽。我們進入田野邊的一家雜貨店，老闆娘親切的說，那

自稱是無神論者，科比意卻比一般信徒更能領教與表現上帝的化工。位於修道院底層的地下教堂，就是體現這聖境的最佳所在。

花剛種沒兩年，花叢太小，農人將它們棄置在那作肥料。我趕緊要安端神父追問，若我們去摘採一些，會不會有問題？老闆娘大笑回答，在農人眼裡那只是垃圾，去採當然沒關係。

我們跟老闆娘買了兩把剪刀，要了兩個大紙箱，就開始採花行動。老闆娘雖然這麼說，但畢竟不是花田主人，心有顧忌的我們，每當有車經過就趕緊趴下。安端神父就像個小賊般的供我差遣。我邊收割，邊對他大聲喊，「這邊還有，那邊還有，行動要快！」

安端神父這時卻面色大變，站起來說，「簡直是豈有此理？我一個堂堂修道院院長，被你指揮東、指揮西，此刻更滿身都是灰土的淪落成一個偷花賊，真是荒唐！」看到他一身狼狽模樣，我忍不住大笑說，「你不覺得放下修道人身段，偶爾當個賊，很有趣嗎？」

安端神父失聲狂笑，他只叮嚀我一句，「回到修院，千萬不能跟旁人提及花的來歷。」

就在這時，一輛超速大卡車經過，由於卡車未將後車廂布幔綁緊，成堆的白紙突然像雪片般的從車裡飛了出來，幾千、幾萬張的白紙像雪花般，漫天飄舞……

提到這段，安端神父臉上竟露出了笑容。我斗膽、近乎大不敬的去吻他的唇，我想那可能是他肉體最後仍有知覺的地方，出乎預料的，他竟然想回吻我，更想嘗試跟我說什麼，從他的嘴型，我看出他在說，他愛我。我開始為他唱〈聖母頌〉，他終於將雙眼閉上，流出了眼淚。

回到修院，我仍無法自已的回憶與他相處的點點滴滴，我記得當我在書寫《山丘上的修道院》時，由於太著迷於商請科比意設計拉圖雷特修道院的艾倫．考提耶神父，我試探的問安端

神父，若艾倫神父仍在世間，他會不會願意跟我做朋友？

安端神父不假思索的回答，他一定會喜歡我，他說艾倫神父喜歡任何有天分又真誠的藝術家。「藝術家是上帝給世間的禮物！」在收藏我的花攝影作品時，他更說到，「這世上有萬千的人，終日為世俗價值奔忙，唯有藝術家能憑藉著心靈，創造出引人共鳴的藝術，進而探索生命的奧義。」

在醫院得到安端神父的具體回應後，我終於可以忍受他肉體消逝的空白與無助。我決定第二天一早再去醫院探視他，陪他最後一段。

未料清晨醒來，我打開電子信箱，竟意外收到羅伯特的來信。

親愛的尼古拉斯：

安端神父昨晚九點鐘過世了。

我要謝謝你，你真是一位報信的天使，原來他一直撐在那兒，就是在等待一個允許，我們卻全然不知的仍在祈求奇蹟，他為我們的期盼深受折磨。

你的〈聖母頌〉，是他臨終的安慰，我可以看出他全然放手並釋懷。我僅代表我的兄弟姐妹，再次謝謝你！也希望你能及時享受在巴黎的有限時光。

羅伯特

我在光影色彩的地下教堂聖境中，除了體會藝術的趣味，更激起我對上帝的幻想。上帝是什麼？天知道！但在游移的光影中，我卻體會到一種無法言喻的神祕靜謐。

我是一位報信者嗎？所有報信者不都只報好消息？我的信息不過是請安端神父不要留戀的快速往前行。

我打電話給里昂拉圖雷特修道院的亞倫神父向他報告，更希望他在稍後的晨禱中，能與其他會士一同為安端神父的靈魂祈禱。

當天晚上，我收到亞倫神父的電郵，他告訴我，我是整個道明會最早知道安端神父過世的人，因為他們修會的官方通知，直到下午二時才發出。

我一時無法明白這其中的一切，但我感激安端神父最後一刻對我的回應，他讓我看到近似骷髏卻無法動彈的肉身裡鎖著自由而清醒、仍能釋放愛的靈魂。

他讓我只有想念卻沒有遺憾，就像普羅旺斯的花田經驗，我們抱著芬芳的薰衣草，卻又對漫天飄舞的白紙讚嘆。我暗自祝禱，安端神父所去的地方，可能要比我們曾見的奇景還要奇異萬分吧！

夜禱完畢，一個念頭閃進我腦海。我的巴黎之行只剩最後一天，它由原先的灰黑變為彩色，我決定一早就投入它的繽紛與絢爛，因為那正是安端神父一直要我欣賞與擁抱的世界。

人會死，但安端神父帶我前往位於普羅旺斯的勒托內爾修道院（L'abbaye du Thoronet），這是法國、甚至歐陸境內最著名的羅馬式經院建築之一。已有八百多年歷史的修道院，在二十一世紀、E世代的今天，仍保有那無法取代的沉穩靜謐。我們可否這樣臆想，肉身終會死亡，但精神永垂不朽！

棄嬰記

隆冬巴黎，天空彷彿罩了層厚披風，悶的大地灰濛濛一片。偶爾從嚴實布角鑽出的陽光，仍融不掉人們臉上的寒霜。然而隨著聖誕腳步接近，再不痛快的巴黎人也得衝著節慶傳統，開始籌劃有如年度大事的探親訪友。

「我與亞歷克西斯（Alexis）今晚要去他前女友朱莉（Julie）的家，與亞歷克西斯的媽媽丹妮爾（Danielle）一起晚餐，你能否跟我們一道去？」西爾（Sylvain）試探的問我。

「你們自家人難得相聚，夾著我一個外人多不自在？」

「你錯了，你若能來，或許能讓我們好過點。」

沒有人不喜歡巴黎。冬天巴黎難得出太陽。在那個準備赴宴的冬寒早晨，我們沒有人知道，等著我們的，除了是一場聖誕大餐，更是一次豐富的生命盛宴。

原來西爾和亞歷克西斯是一起生活多年的同性伴侶，可是亞歷克西斯的母親一直難以接受，加上朱莉在亞歷克西斯之後也沒有男友，為了不讓獨居的老太太傷心，朱莉與亞歷克西斯、西爾就年年在聖誕前夕與丹妮爾來個家庭聚餐。

「然而難得相聚，老太太總會對亞歷克西斯嘮叨，像朱莉這樣的女孩他都不娶，還想娶誰？」忙著打包禮物的西爾繼續說：「現在不只亞歷克西斯，朱莉有時也被搞得很煩。有外人在，大家都會節制，或許更可轉移丹妮爾的注意力。」

西爾的伴侶亞歷克西斯在電腦公司上班，由於熱愛亞洲文化，閒暇之餘，竟在巴黎拉丁區附近開了家專賣亞洲書籍的書店，來自亞洲的西爾就是在這與亞歷克西斯結識。

亞歷克西斯雖然頭髮稀疏，但身材高大，尤其是他那雙會放電的大眼睛，不知迷倒了多少人，與亞歷克西斯同窗的朱莉，據說當年就是迷上了亞歷克西斯如藍寶石的雙眼，進而愛上他。

可惜，有天亞歷克西斯竟慎重的對朱莉說自己還是喜歡男生，他無法再繼續這樣的關係。

「你是雙性戀嗎？」朱莉雖難過，卻仍不死心，「如果是，我情願讓另一個男人分享你。」

「不！我越來越清楚，自己只愛男生。」亞歷克西斯誠懇的說，「我們的性關係一直很爛，我從沒欺騙過妳的感情，但我發覺自己越來越不自在。」

愛情無法勉強，傷心欲絕的朱莉最後只好讓亞歷克西斯離去，然而他們早已是無話不談的朋友，因此朱莉在認識西爾後，有天竟對亞歷克西斯說這男孩可以把握。

我這不速之客看到亞歷克西斯和西爾兩個成年男子，費心的為兩位女子準備禮物也覺得有趣。亞歷克西斯說朱莉最喜歡粉紅色，為此他特別為他唯一的女友買了條昂貴的粉紅絲巾。至於他的母親，他每年都送她一本最新出版的精裝食譜，雖然所費不貲，但絕對是上好投資。因為來年，他媽媽一定會按照食譜，一道道的做給他吃。至於西爾，準備好酒即可。然而夾在兩位深愛他伴侶的女士中間，西爾有時仍得小心應對。西爾說早些年，他仍可感到朱莉無意間釋出的妒意。至於亞歷克西斯的母親，至今仍無法接受她又多了個兒子，當丹妮爾終於了解西爾深愛著自己兒子時，竟語重心長的對他說，「你要是女孩多好？」

在換了地鐵及公車後，我們來到了朱莉的小花園門口。朱莉在小學教書多年，在積攢了一些存款後，終於在較便宜的阿拉伯區內覓得一棟位於一樓，還有個小院的一房一廳公寓。西爾說，待會就敞開心懷吃飯，每年，亞歷克西斯的媽媽會準備遠超過他們食量的盛宴。

我們三人在門前腳踏墊上用力清掉鞋上的泥。按電鈴前，亞歷克西斯深呼吸、慎重的對我們說，「男士們，注意風度，我們要優雅、謹言慎行的來與兩位深愛我的女士『歡度』一年一度的聖誕家庭聚餐！」

法國人的見面禮真可愛，先是左臉吻一下，再來是右臉貼上來。為表示親熱，左臉再來一次。我這個初次與朱莉與丹妮爾相會的外人，沾了亞歷克西斯、西爾的光，自然也分享了這份溫馨。

由於白天沒吃什麼東西，亞歷克西斯撒嬌的對丹妮爾說，可否現在就開飯，邊吃邊聊。女主人同意後，西爾趕緊打開帶來的酒，朱莉點上了桌上的蠟燭，一場家庭聚餐於焉展開。

對一個只有五個人參與的聚餐，丹妮爾所準備的餐點豐富得教人咋舌，我也可以理解極少與兒子見面的母親，多想在一夜之間，把對兒子的愛一次給足。

就在我們享受這溫馨晚餐時，不時聽到門外有如小貓嗚咽的聲音。

「你什麼時候開始養貓了？」亞歷克西斯好奇的問。

「我從不養貓，我們這附近，好像也沒人養。」朱莉隨意回答。

由於那聲音，虛弱飄渺、藕斷絲連，我們沒半個人在意，仍盡情吃喝。

幾杯好酒下肚後，亞歷克西斯的媽媽突然顧影自憐的說，「你們這幾個男人為什麼都不結婚，讓生你們、愛你們的女子好不傷心。」

亞歷克西斯故意睜大雙眼，咬緊牙關，捂著耳朵，一副「又來了」的模樣。西爾趁勢對我眨眨眼，又要舊戲重播的請我多擔待。

「若是你們結婚了，我現在都有好幾個孫子了……」

亞歷克西斯故意打斷丹妮爾的話題對朱莉說，「妳想不想養小孩，我可以捐精子給妳，我們的小孩一定會很漂亮。」未料亞歷克西斯的母親一點也不覺得這話題荒謬，接著說，「我從前實在太想要孫子，竟背著亞歷克西斯給未來的孫子做了好多衣服。」

玩笑開大的亞歷克西斯這時幾乎想把頭埋進餐盤。朱莉卻接著說，她不喜歡小孩，就是結婚，也不要小孩。

「你不是很喜歡念故事書給班上的小朋友聽嗎？」亞歷克西斯故作淘氣的問。

「那是別人的小孩，我沒有養育的責任！」朱莉輕鬆回答。

「你們相信嗎，我小一的班上，有個北非小孩竟然不會握筆，原來他的父母是文盲，家裡根本沒見過筆這東西。至於那些大小孩，有的會嗑藥，有的更帶刀上學。」朱莉越說越來勁。

「就在最近，一個才小六的女孩子，被人搞大了肚子，卻還不知道是怎麼回事，我這輩子只要教小小班，這世界太複雜，我對生命沒有信心。」朱莉好像說給自己聽似的認真點頭。

「所以，萬一你有了小孩，你一定不希望他們長大。」聽到這句話，朱莉狠狠的給了亞歷克西斯一個白眼。

在丹妮爾又要顧影自憐時，西爾趕緊對她說，聽尼古拉斯唱歌，尼古拉斯很會唱歌，還會唱聖誕歌喔，西爾對我做出求救的眼神。

那晚外面氣溫甚低，我們在溫暖的屋內享受美食、好酒，好不快活，雖然刻意避開某些話題，但只要談到食物，全桌氣氛馬上沸騰，亞歷克西斯適時拿出聖誕禮物，更轉移了丹妮爾的注意力，她開心的翻著食譜，嘖嘖稱奇之餘更開始盤算，何時可以開始試做這些菜。

酒足飯飽，賓主盡歡之際，亞歷克西斯趁機說再晚就搭不上地鐵，得先行告辭。朱莉適時說道，所有的菜都是丹妮爾下午就來做的，再加上兩位男士送的好酒與絲巾，她一點也不吃虧，自行善後即可。

在門邊，我們彼此祝聖誕快樂，來年更好。先走出來的丹妮爾說花園前面有半人高的柵欄門後有個紙箱。亞歷克西斯開玩笑的回頭對朱莉說，有愛慕者送你聖誕禮物喔！就在我們親吻道別時，站在晦暗花園裡的丹妮爾發出了嚇人的尖叫聲，她雙手撫著臉，全身顫抖的說：「我的天啊！紙箱裡有個嬰兒！」

我們倒抽一口冷氣，酒意全消。亞歷克西斯趕緊把紙箱抱進來放在桌上。紙箱裡有張以凌亂筆跡寫的紙條：「我不想活了，我從窗口看到你們全家吃飯的情景，你們一定是個好人家，請幫我小孩活下去。」從小嬰兒的捲曲頭髮及偏黑膚色看來，應該是個北非小娃娃。「可能是個未婚媽媽，搞不好已經被家裡趕了出來。」西爾看了朱莉一眼，她卻完全不理會的繼續端詳著那嬰兒。

也許是明亮的燈光，哭累的小嬰兒這時有了反應。朱莉伸手去撫摸小嬰兒的臉龐，在摸到小嬰兒脣邊時，小嬰兒竟瞬間抓緊朱莉的手指塞進自己的嘴裡開始吸吮，疲憊的小臉瞬間放鬆，露出了滿意的笑容。

「那不是一隻貓，是個嬰孩，你們別老盯著紙箱，快打電話給警察！」丹妮爾恢復情緒後，開始發號施令：「我們得先把孩子身上的濕布換下來。」

亞歷克西斯打電話報警時，朱莉把小嬰兒輕輕抱進懷中，還為小孩哼〈搖籃曲〉，小嬰兒

若不是有特殊理由，沒有人——尤其是母親——忍心將自己的小孩遺棄。巴黎市中心最古老壯碩的地標「巴黎聖母院」，正門入口處的聖母抱子像，在在顯示那亙古不變的人倫情感。然而有誰能料到，在溫馨的聖誕假期期間，在聖母腳下，仍有一位走投無路的小母親將自己的小孩遺棄，然而這無依的小孩，卻賦予那全無血緣關係之人一個前所未有的新生命。

雖仍在抽搐，卻把朱莉的手指抓的更緊了。直到換上溫暖的毯子時，我們才發現小傢伙是個女生。

一會工夫後，警察和救護車都來了，確定小嬰兒無恙後，警官開始詳問經過。丹妮爾驚魂未定的說，用餐時，就聽到門外有聲音，但一直以為是貓叫，根本想不到紙箱裡竟會有個嬰兒。筆錄完成，警察取走了紙箱與紙條後，走向抱著嬰兒的朱莉。我們這才發現，這麼長時間，朱莉沒出聲，而我們竟也把她給忘了。

「Donnez-nous le bébé, Mademoiselle.（親愛的小姐，請把嬰兒給我。）」朱莉抬頭茫然望了一下警察，又再低頭注視著小嬰兒。「小姐，請把嬰兒交給我……」警察大聲的對朱莉說。朱莉這時卻如大夢初醒般的驚叫了出來，「你不可以把這小孩帶走，她是我撿到的，是我撿到的小孩。」

晚餐後的一切已讓我們的情緒如坐雲霄飛車般震盪，朱莉的反應更讓我們迷惑得不知所措，她究竟在想什麼？

隨警察來的醫護及社工人員卻彷彿了然一切似的，耐心哄著朱莉說：「親愛的小姐，不要擔心，我們得先帶她回去檢查身體，我們一定盡全力把妳撿來的小孩照顧好，」回過神的朱莉，這時卻抽抽噎噎的說，「我要這個小孩，我要這個小孩……」

我們幾個男生面面相覷——這女人不是在晚餐時才重申，她絕不會養小孩！

「妳放心，在法國，撿到小孩的人都有優先認養權，」警察附和的說，「如果妳要這個孩子，我們的行政部門一定會優先考慮妳。」當嬰兒被警察從朱莉手上抱走時，好不容易才睡著的小嬰兒頓時放聲大哭。朱莉這時竟將臉埋進了雙手，不可自已的哭了起來。

那夜，我們都忘了怎麼離開，為了安撫朱莉，亞歷克西斯臨走前竟慎重對她說，如果她真想要這個孩子，他和西爾會盡力做個稱職爸爸。丹妮爾也附和的說，她會很高興將來有個孫子來吃她做的聖誕大餐。

這種安慰，簡直像極了好萊塢賺人熱淚的溫馨神話，我甚至認為，也許明天醒來，待朱莉的情緒恢復後，這一切會像一場夢似的杳然無蹤，不會有人再去關心小嬰兒的命運。

然而，朱莉真的去認養了那小孩，亞歷克西斯與西爾當然信守承諾，常常去支援。亞歷克西斯偶爾更像獻寶般的把她帶到書店，每當有人誇讚這小女孩漂亮時，他都會得意非凡的說，「那是我的小孩啊」，更會順水推舟的跟陌生人說，寶寶身上的衣服都是祖母做的喔！

轉眼，朱莉的女兒都已是少女了，但小嬰兒將朱莉的手指放進嘴裡的剎那，仍讓我印象深刻，就像米開朗基羅〈最後審判〉壁畫中，亞當被上帝手指觸及後，開始有了生命。這回卻是那弱小嬰兒給了我們勇氣，她將朱莉手指抓入嘴裡吸吮的滿足表情，讓所有與她無關的旁觀者有了全新的生命。

我的〈聖母頌〉

我會唱舒伯特的〈聖母頌〉，來自一個特殊機緣。

有年在巴黎攝影時，家姐來了封電子郵件，叫我打電話回去聽電話錄音，說保羅爸爸（Papa Paul）留了個重要訊息給我。我打電話回去，答錄機傳來保羅爸爸熟悉的聲音：

「親愛的尼古拉斯！我是保羅爸爸，不知道你從法國回來了沒有？我得告訴你一個壞消息，我生病了。我現在告訴你，就是不想到時你從別人那兒得知。我此刻很好，你不要擔心，回來後請跟我連絡。」

這是在美國華府近郊的教堂。這座小堂是當年的原始聖堂，較大、較新，能容納更多教友的大堂就在旁邊。我有一把能隨時進入這聖堂的鑰匙。有回，為製作新書，返台上飛機前夕，我與編輯鬧得非常不愉快，夜半到這兒對上帝發飆。就在發完牢騷準備離去前，一個聲音自我心底響起：「你若要回去，就去當個和平使者，不然就不要去！」

小教堂四周就是墳場，除了保羅爸爸，我的媽媽當年也在這舉行殯葬彌撒。我就是在母親抗病期間認識了保羅．藍瑟爾夫婦，他們對我一路相挺，直到母親過世。

返美後，我立刻到保羅爸爸家，然而因嚴重時差，我問他可否躺在沙發上？當我將頭枕在椅背上時，保羅爸爸卻挪到我身邊來讓我枕在他腿上，舒適地與他聊天。

我關切地問到底得了什麼病？

「胰臟癌！醫生說沒辦法開刀，只能聽天由命。趁我現在頭腦清醒，我得交代一些事。」

「可是你看起來很好啊！」我安慰他說。

「就是這樣，我才要把握時間，你知道，癌症末期會有很多狀況的。」

不用保羅爸爸說，我自己就非常清楚，我與保羅爸爸結識，正是因為母親的癌症。

二〇〇四年春，家母從台灣返美治療腎臟癌，在台灣時，醫生就已不樂觀，但媽媽想跟我們在一起，所以又來到了美國。這是我生平頭一次碰上親人罹患癌症，龐大的死亡陰影壓得我喘不過氣，然而我們仍天真的認為，在虔誠祈禱下，母親應能戰勝病魔。身為教徒的我，每天一早就到教堂望彌撒，為媽媽帶回聖體（註1），給母親打氣。我就是在那時認識了每天與妻子一同前來望彌撒的保羅．藍瑟爾（Paul Lanthier）夫婦。

得知我望彌撒的動機後，健朗的老夫婦直說，有什麼可幫忙的請讓他們知道，他們也一定會為我的母親祈禱。

母親在美國的治療並不順利，干擾素及類固醇雙管齊下，為媽媽帶來很多不適，我們幾位子女除了極端不忍，卻什麼也不能做。我的心情隨著母親的病情忐忑不安，保羅．藍瑟爾夫婦隨

1：天主教中象徵基督身體的麥麵餅。

時給我打氣。有天，家人從醫院打電話來，說母親病危，我得立即趕過去。掛上電話，保羅·藍瑟爾先生恰巧打電話來，在電話那頭，我幾乎說不出話來，他卻叮嚀我不可自己開車，他們會送我到一個多小時才能抵達的醫院。

一見到他，保羅·藍瑟爾先生便鼓勵我說，他可以做我的保羅爸爸，教我一定要堅強，這時我再也忍不住的眼淚奪眶而出。從那時起，保羅·藍瑟爾先生就成了我的保羅爸爸，就是母親過世之後，我仍三不五時到他家去，他已儼然將我視作家中一份子，有什麼好玩、好吃的一定通知我，除了陪伴我度過喪母的哀慟，更伴隨我成長。

而今，他卻要面對自己的病痛與死亡。

那天臨走前，他突然慎重地對我說，在他葬禮時，能否為他唱首〈聖母頌〉……

「你會活很久的啦！」我故意開玩笑的說：「中國人總說只有好人才會早走，你還有好多債要償還，此刻請認真抗癌！」

未料，保羅爸爸竟抓著我的肩膀說，他必死無疑，如果我答應為他唱〈聖母頌〉，他可以更安心養病。

「那你喜歡哪一個版本呢？」我收斂了心神，嚴肅的看著他。

「舒伯特的吧！」保羅爸爸略有所思的回答。

我鬆了口氣，縱然我會唱古諾的那首，卻是自己唱好玩的，因為這首歌音域極廣，若起音太高，往往唱不上去。我慶幸他挑了個較容易的版本，殊不知，這是我不懂這首歌曲的無知之言。

找到曲譜後，我開始練習，更請教堂的司琴女士為我練唱伴奏，然而我仍祈禱，千萬別太早唱到這首歌。

得知保羅爸爸罹癌三個多月後，癌症終於露出了猙獰面目，保羅爸爸在這一段時間，整個瘦了一圈，有天，他打電話來，問我能否為他夫婦拍照，其中有張要作遺照，他擔心，再不及時留影，他會變成一個骷髏。

拍照時，我們有說有笑。我從未見過一位癌末病人那麼爽朗、樂觀，一點也不畏懼死亡的威脅，他開心的說，除了一直狂瘦，他身體沒有太多不適，此外，他也接受醫生建議的安寧療法，不再做任何積極治療。

隨著保羅爸爸病況加劇，我更認真練習這首在我眼中不算太難的歌曲，然而每回才唱一小節，就喘個不停，在我終能順利唱出整首詞曲後，卻由於太耗精力，一天唱不到兩回。

原來這不是首隨便唱的歌曲，就是練習，也得全神貫注，我心中暗暗叫苦，深怕會辜負保羅爸爸的期待。

秋去冬來，保羅爸爸奇蹟似的仍撐在那裡，雖然他已極少在外走動，但我們仍保持連絡，我

小教堂內部非常溫暖，一年四季，從清晨到夜間，教堂的門從不上鎖，信徒可隨時進來與上帝傾吐心曲。

不敢跟他提練唱受挫的事，我太了解他，只要我露出一點難色，他一定會要我停止練習。

膠著之際，一個在教堂舉行的葬禮，讓我有公開練唱這首歌的機會，原來司琴女士在臨時舉行的葬禮（不像結婚禮儀，永遠得在半年前預訂），找不到可以領唱的人，為報答她陪我練唱，我義不容辭的趕鴨子上架，卻也聲明，我只要能不走音的把歌唱完，就感謝天主，別要求我能有什麼藝術性。

這次演唱雖勉強過關，但一件小事，讓我差點臨陣脫逃，原來彌撒前，我竟看到待過紐約大都會歌劇院的大衛先生，我向司琴女士抱怨，既然大衛會來，為什麼還找我，簡直丟人現眼。司琴女士非常抱歉的說，正因為他是專業男高音，不好占他便宜，才拜託我這個連咖都算不上的人幫忙。

兩個星期後，我在教堂碰上了大衛先生，他興奮的對我說，他對我那天的演唱「印象深刻」。瞬間，我臉紅直到耳根的對他抗議，既然他認識家屬，為什麼那天不為他們演唱？大衛先生回答，他是臨時去的，在那之前，他根本無法確定能否參加。

大衛先生開心地對旁人說，「尼古拉斯是天生的男高音，竟然敢唱很多專業演唱家也不敢唱的舒伯特〈聖母頌〉。」

我如找到救兵的對大衛先生請教，我本以為這首歌要比古諾的那首容易，未料每次練習都讓我元氣大傷，一天練不到兩回。

「這首歌最難的倒不是音調起伏，而是每一個拍子都拖的很長，大多數人在唱完一小節就沒氣了，」大衛先生像教練似的對我說，「你下次練習時，每兩小節，甚至三小節後再換氣，這樣當你正式唱時，就能輕鬆許多。」我銘記大衛先生的教導，開始以這不自然的方式練習，幾次下來，竟發現真的不那麼喘了，然而就在我的技巧有突破之道時，保羅爸爸卻開始頻繁的進出醫院。

有天，我與教堂的執事前去醫院探望他，我們一進入大廳，就見到他坐在輪椅上被自己的女兒推出來，他的妻子，待我甚親的瑪姬（Marge）也跟在一旁。

一見到我，他緊緊抓著我的手說，「Nick，我不行了，醫生趕我回家，他們已幫我安排家中安寧照顧。」他挫折的說。

「我下半身，完全沒有知覺，你如果聞到異味，請多擔待，他們剛為我包上尿布，真是……」他抱歉又尷尬的說。

這段時間保羅爸爸遠在外州的子女全都回來了，他們面容哀戚的為自己的父母張羅保險、看護等瑣事。

一個多星期後，我前來探視保羅爸爸，由於注射了太多止痛嗎啡，他已沒有知覺的癱坐在沙發上。

「別怕，他在拖時間，你跟他說話，他聽得到的。」瑪姬安慰我說，我卻一句話也說不出來。

「我現在就跟他告別吧，你們大家都這麼忙，我不好再讓你們招呼我！」

跪在沙發前，我湊近了保羅爸爸的耳朵，對他表達我的感謝，更希望他一路好走，原本沒有知覺的保羅爸爸這時卻突然舉起手，撫摸我的頭，一如幾個月前，我從巴黎回來時一樣。保羅爸爸還想跟我說什麼，但已是有氣無力，我輕吻了他的額頭，他緊閉的雙眼，這時竟掉下淚來。

兩天後，他過世的消息傳來，我卻猛然驚醒，得為保羅爸爸獻唱那首〈聖母頌〉了。

殯葬彌撒前，我日以繼夜的練習這首歌，深怕辜負了保羅爸爸的期望，然而我只在換氣、音準技巧面琢磨與擔心，從未思考該如何來表現這首歌曲。

直到彌撒前夕，我再度感到那熟悉的心痛，我仍記得母親過世時，我的身心靈好像被撕成碎片，再也無法癒合，而今曾陪伴我的保羅爸爸也走了，我卻為忙著練唱，而掩蓋了所有哀慟複雜情緒。

時已夜半，我再也睡不著，索性起身著衣，開車前去教堂。

我穿過教堂的墓園，以神父當年給我的鑰匙打開小聖堂的門，進入教堂打開燈，卻發現教堂裡已放滿了第二天葬禮所需的鮮花。

望著聖體小燈（註2），我心情沉重的對保羅爸爸說，你給我的任務真是不小！你知道我愛你，

2：天主教堂中只要有供奉象徵基督身體的麵餅，都會在聖體櫃邊點盞小燈。

保羅爸爸臨終前請我為他拍照，他開玩笑地說再不拍，他會變成一個骷髏。我從沒見過一位臨終病人直到生命最後，仍保有樂觀的精神。疾病將保羅爸爸打得一敗塗地。然而就像美國神修大師多瑪斯．牟敦（Thomas Meton, 1915-1968）的父親逝世後，他說：自己的父親被疾病折磨到不成人形，然而他終於打完了這場硬仗，好天主應給予他最好的獎賞。在保羅爸爸身上，我也看到了那不能被病體屈服的精神。

卻要我在你的葬禮上，以〈聖母頌〉向你告別。

這首歌該怎麼唱啊……我完全不能思考的唸起祈禱文來。

「萬福瑪利亞，妳充滿聖寵……」

輕唸著〈聖母經〉，我突然明白，原來我唱的〈聖母頌〉歌詞，不管曲調多麼不同，就是教徒自小會誦唸的〈聖母經〉，一整串的玫瑰經更是由五十遍〈聖母經〉串起，然而我從未認真思考這經文含意，只當是念經的含糊帶過。

我一遍遍複誦這簡短經文，一個靈感閃進了腦海，如夢初醒欻地起身，看著祭台邊的聖母像，在芬芳花香中，我突然明白該怎麼表現這首歌了。

不見陽光的清晨，我坐在教堂的前排角落，看見保羅爸爸的棺木被抬進教堂。猛然想起，多年前，也是這時節，我面對母親的病危，卻與保羅爸爸熟識起來，而今，卻由我為他獻唱〈聖母頌〉，唱完這首歌，他的棺木將被闔上，永別塵世。

彌撒開始前，站上了司儀檯，我默默對保羅爸爸說，我要為你唱這首歌了，在給司琴女士一個可以開始的眼神後，我閉上雙眼、深呼吸，抬起頭，卻發現大衛先生赫然在坐……

琴聲響起，我想起去年從巴黎回來，睏到憩息在保羅爸爸大腿上的情景，像〈搖籃曲〉般的，我唱出了我的感謝，

Ave Maria Gratia plena
Dominus tecum……（萬福瑪利亞，滿被聖寵者，主與爾偕焉……）

我全神沉靜在讚美的謳歌中，頭頂正前方高牆上原本黯然無光的玫瑰花窗，這時卻奇蹟似的光彩奪目。原來是太陽出來了！

Benedicta tu in mulieribus
Et benedictus fructus ventris
Tui, Jesus……（女中爾為讚美，爾胎子耶穌並為讚美……）

燦爛的陽光，讓我驚醒，我常忘了讚美！總抱怨生活有太多煩惱，嚴寒冬季如此漫長，卻忘了陽光總會自烏雲後穿出，冬眠的花朵來年一樣盛開。哀慟逝者之時，更全然忘了感謝與讚美那人曾如此豐富自己的生命……

幾句經文，竟延綿了兩分鐘，在第一段結束前，我再次唱出最懇切的讚美，

Ave Maria……（萬福瑪利亞）
Sancta Maria

Mater Dei……（聖母瑪利亞，天主的母親……）

人生充滿苦難，從聖母懷胎那天起，她就知道有天會面對愛子喪生的巨大苦痛。我懇請天上的母親撫慰保羅爸爸的靈魂，賜他安息與安慰，讓他飽受疾病摧殘的身體，能在另一個世界以另一種形式重生。

Ora pro nobis peccatoribus
Nunc et in hora mortis nostrae
Amen.（天主聖母瑪利亞，求妳現在和我們臨終時，為我們罪人祈禱。）

這是仍健在之人，近似貪心的祈求了。

讓我們此生得以盡情發揮，卻又能無牽掛地離開這個來享受或歷劫的塵世，讓我們所有的悲傷、怨懟得到洗滌，衷心期盼有天能與摯愛的人重聚。

然而這會不會是個飄渺、又禁不起考驗的期盼？

「Ave Maria……萬福瑪利亞……」我像普契尼歌劇中的「托斯卡」在極度絕望中做的最後懇求。唱完了最後一個音，隨著伴奏，我默默將頭低下，雙手合十。

再見保羅爸爸。

那天，我不知如何下台，就在我往教堂後端，朝我座位走去時，不時有人對我豎起大拇指，就連大衛先生也伸出手來，睜大眼，低聲說：「Good Job，尼古拉斯！」我全身輕鬆的回到座位，通身被一種靜謐的溫存所充滿。

原來保羅爸爸要我為他歌唱，最大的受益者竟是自己，那得以身心靈演唱的〈聖母頌〉，治療了我的哀傷，更燃起我心中的企盼。我再度想起保羅爸爸的笑容，他到最後一刻仍是如此優雅樂觀。我終於相信肉體會死，但精神不朽的道理，我的〈聖母頌〉就此落幕。

阿們！

驚魂記

我生來膽大，極少有受驚嚇經驗，但這個真實故事，幾乎讓我魂飛魄散。

二〇〇八年春天，我返台參與一本書的後期製作。行李一放，我就到彰化的靜山修院，探望馬神父。例行問好後，馬神父對我說，今天有人來墓地撿骨。原來，靜山有片佔地廣大的墓園，裡面長眠著曾在台灣服務的耶穌會士。由於他們來自全球各地，我曾在書裡形容這片區域是座令人敬仰的地下聯合國。

為應付急速凋零的會士，靜山的墓園，有一整排墳墓立於地表之上。每隔十年，修院都會請專人將墳墓依序打開撿骨，好挪出位置，迎葬年老的會士。撿出的遺骨則被置入墓園另一側的骨灰塔內。

「我書中後記正好有寫到這墓園撿骨事由，」我興奮的對馬神父說。

「為負責起見，我應該去瞧瞧！」

對信徒而言，靜山墓園是沉思默想的好地方，它會讓人思考「人究竟所為何來？」

P. DAVID REED, S.J.
P. PETRUS KAO S.J.
P. LEONARD LEVESQUE
P. Joannes Chang S.J.

我快速穿過修院庭園往後山走去。由於剛下飛機，我身著一套體面衣服，還戴著一副時髦的太陽眼鏡，就像是準備去獵奇的無知觀光客。我穿越球場、竹林小徑，就在快靠近墓園時，空氣中傳來陣陣腐味。我一點也不以為意的繼續前行，因為幾位被撿骨的神父，有的在生前是我的朋友，他們奉獻的精神除了讓我敬仰，禁慾的肉身更是他們高貴靈魂寄身所在，我毫不遲疑的繼續往前。

然而我到的時間實在不巧。

兩位撿骨師傅已處理好前面幾位，正將最後一座墳裡的神父遺骸抬出放在地上。隔著段距離，我才發現這位神父的身體並未如前面幾位腐壞殆盡只剩遺骨，而是一位衣冠猶存的木乃伊。炙熱的太陽，我被晒昏而忘了移動。正在處理遺骸的師傅一看到我，尷尬不已。一位較年長的師傅對助手說，快蓋起來，快點蓋上。然而身為攝影師的我，除了將此中一切看得一清二楚，更如拍照般的將眼前情景深植腦海。

光天化日之下，我突然覺得，自己才是一個闖錯時空的鬼。為故作鎮定，我未迅速逃離，反而在現場待了段時光。我全然忘了這兒都是偉大、足以做我模範的修道人，我只記得那個非常不自然的畫面，那位神父的手和未腐爛的鞋面上已長了一層厚厚綠毛。

我最後不知是如何離開那裡，回到寢室前，一位神父突然在光線黯淡的走道上與我打招呼。由於逆光，我無法看清他的臉，加上他低沉的聲音更讓我毛骨悚然。直到認出他來，我卻如同

靜山修院的墓園，位於修院後方綠蔭深處。每隔幾年，院方都會依序將長眠於墳內的修道人遺骨撿起，放進骨灰塔。寧靜墓園有來自世界各地的修道人，儼然是座迷你地下聯合國。

看到救星般的對他又親又吻。W神父尷尬的說，雖然多年未見，也不用如此這般！我驚魂甫定的對他描述先前情景，直說能摸著一個活人真好！

「什麼！你也去了！」這回換W神父來抱我。

「我清早就跟馬神父前去墓地！」W神父激動地說。

「尼古拉斯，你認識高欲剛神父，那麼好看、優雅的人，怎變成一堆枯骨？」

從他的形容中，我知道他沒有看到最後一幕。為避免造成他的二度傷害，我不敢再往下說。

回到房間，我懊惱不已，我承認自己有不適當的好奇，但也不需遭此驚嚇，尤其是那腐朽之味，如影隨形、瀰漫四周。我拿出從不使用的香水，噴個痛快。然而那可怕的氣味就是縈繞不去。我決定將身上所有衣服脫下水洗，縱然它們根本不該下水，然而那氣味就是無法消除。我這才想起，多年前，一位參與九二一大地震救災的朋友，說他那回最痛苦的經驗就是濃濃不散的屍臭味。就是遠離現場，把救災所穿的衣物全部拋棄，那味道仍跟著他，讓他最後幾乎崩潰的求助於心理治療師。

我開始打電話向朋友求救，未料，所有朋友為我剛到台灣，就向他們分享這個故事，直言吃不消的紛紛掛我電話。我站也不是，坐也不是，只要一閉上眼，那未腐壞的神父屍身就越來越清晰，我記得他穿了一雙再簡單不過的黑布鞋，白上衣露出的手還握著一串玫瑰念珠。此外，他的頭髮……。

我不能再往下想，也不知如何是好？好不容易挨到晚上與馬神父晤談的時間。

「我早上嚇死了！我看到一具未腐壞的木乃伊！」

我再也不顧矜持的對馬神父說；「怎麼辦！我一閉眼就浮現那神父的形象，那腐朽氣味更是跟著我不放！我今晚不能睡覺了！」我像過度驚嚇的小孩不停對神父形容。

馬神父的表情卻一陣青、一陣紅的尷尬不已。「我今晚在你旁邊打地鋪好不好，我需要握著一個人的手，不然怎麼也不能睡著。」我幾乎是踰越常規的對馬神父祈求。

那夜，我不知道如何離開馬神父的辦公室，事實上我很後悔跟他抱怨這件他也無法應付的事。長夜漫漫，為避免再浮現那揮之不去的影像，我索性去教堂守夜。我的時差，只會讓我的精神更壞，然而我已別無選擇，我不能這樣的回到社會，我的朋友沒一個能忍受我這種恐怖經驗。我仍記得，早上在掛上最後一通電話時，好友非常同情的對我說，「你為什麼剛下飛機，就要去看這種事呢？」

為避免再打擾別人，我決定獨自消化這經驗。

熬到清晨，我終於入睡，再醒來時，已是下午。有人跟馬神父報告我連中飯也未起來吃，他很無奈的對旁人解釋，我昨天給嚇壞了。

黃昏時，昨日來撿骨的師傅已換上乾淨衣服，來跟理家神父（註1）請款。

1：修道院裡管理院務神父的職稱。

靜山原本只有一座骨灰塔，近年，由於會士們急速凋零，另兩座骨灰塔因此建立。骨灰塔上的石碑簡單記載著會士們出生、入會、發願及逝世日期。不再發聲的石碑背後卻是一篇篇發人深省的生命故事。

趁空檔，我向師傅抱歉，直言不該打擾他們的工作，他也尷尬的回答，他們應該在現場圍起封鎖線，因為昨天也有一些女高中生在此舉辦活動，若被她們看到，豈不嚇昏？

掩不住好奇，我冒昧的詢問師傅，以他的專業，那位逝世已久的神父，為什麼身體未腐壞？師傅回答，他應該過世前做過重度化療，所以身上仍殘餘許多化學藥品。

一時間我的恐懼竟全然消除。原來人所害怕的是不自然。很多低級的鬼魅電影就利用這種無知大作文章。當撿骨師傅收完帳準備離去時，理家神父也難耐好奇的詢問撿骨師傅遺體為何未腐化的問題，我趕緊說，「別問了，我已知道答案。」原來理家神父與我同樣納悶，只是不好意思對旁人講。

知道緣由後，理家神父偷偷告訴我：今天一早，我還在睡覺時，包括馬神父在內的兩位老人家，臨時送急診。原來他們看完了撿骨，情緒起伏過大，血壓高飆。一時間，我才明白，為什麼我昨夜以驚嚇的口吻對馬神父描述我所看見的景象時，他的臉也是一陣青、一陣白的說不出話來。然而他畢竟只看到了前半部，並沒有看到那未腐壞的遺體，而我竟對他描述得鉅細靡遺。我突然很心疼與擔心馬神父，當我故意對他說讓我在他床邊打地鋪時，他的不安又能找誰排遣？

晚間，我例行來找神父晤談，我跟他講我的發現。神父略有所思的答說，那位義大利籍的神父當年的確是癌症過世，而且受了不少罪。馬神父還說他是位很謙卑單純的修道人。

2：天主教中有告解傳統。一種向上帝真誠認罪的儀式，一種和好的表示。為此，只要有修好企圖，都可統稱和好聖事。

馬神父陪我到清理過後的墓園。好友在側，勝過各據一方的憑弔思念。

我趁機問馬神父，明天在我離開前，能否陪我到墓園去做一個和好聖事（註2）？我慎重的對馬神父說，那位神父一定不忍心嚇我，是我這冒失鬼看到他也不願被人看到的一面。我除了要向他道歉，更要對他說，他已經在更好的地方，人間的一切已徹底結束了。

那夜，我一個人回到房裡，雖然那畫面對我而言不再恐懼，但那濃厚的腐朽味卻如殺不掉的檔案，如電腦病毒般的瀰漫在我腦海記憶深處。

第二天，用完早餐，我牽著馬神父的手往墓園走去。來到籃球場時，我對他說，昨天就是在這兒聞到了濃厚腐朽味，然而我的好奇和自尊，讓我義無反顧的繼續往前……

彷彿鬼域的墓地，此刻已完全恢復昔日靜謐，撿起後的神父遺骨也已奉厝在墓地一角的骨灰塔裡。

我請馬神父在下方等我，獨自走上骨灰塔。我找著了神父的墓碑，上面清楚刻有神父何時離開義大利、何時來到中國，最後又來台灣的時間。此外，墓碑上更有一張他笑容滿面的照片。

我伸手觸及他的牌位，閉目默禱。他臨終前一定受了很多罪，我內心不斷安慰他，此刻，所有屬於人間的一切，終於煙消雲散。我祝福他在天庭無牽無掛地與他畢生追尋的天主在一起，不再有病痛煩憂，我更請求他繼續為我們祈禱。

奇蹟似的，那股久久不散的腐朽味道，竟瞬間消失，就連前日閉上眼就浮現的恐怖畫面，也變成大自然生態實相，不再可怖。

我挽著馬神父的手，往會院方向走回。我略有所感的對他說，今日的和好聖事，倒有點像本地民間信仰的收驚，這裡面並不涉及鬼神，而是一個人受到了驚嚇，進而做出的安撫與治療。西班牙籍的馬神父竟意外地認同我的觀點。

古老的天主教自中古世紀起就有膜拜、崇敬聖人遺骨的風氣，歐洲很多大教堂的鎮堂之寶，就是這些聖人遺骨。中古世紀，它們往往還成為教堂、朝聖地的生財工具。

我開玩笑的對馬神父說，有天你故去了，我可不想收集你的骨頭。

說完這話，我突然語塞，「我好高興能在你的身邊！」

挽著馬神父，我毫不遲疑地將他的臂彎攬進我的胸前。

西斯特宏隱修院的復活節

千禧年前的那個春天，慘遭感情出賣，繁雜的工作，卻讓我不能中止工作療傷。接受事實後，我下定決心，請曾共同生活多年的另一半遷出家門。

委託經紀人賣屋後，我帶著一顆破碎的心及大批攝影器材，再度來到普羅旺斯，履行未完的工作。居住里昂，正好從醫界退休的菲利普先生，見到我一副萎靡不振、只剩半條命的模樣，同情心大起，便做我的司機，帶我前往目的地。

普羅旺斯的四月，大地一片欣欣向榮。某處山村的光影，讓我暫且忘懷心靈傷痛。

時值天主教四旬期聖周，上路前，同為虔誠教徒的菲利普臨時提議，拍完照，可一同前往普羅旺斯境內的西斯特宏（Sisteron）一處已有千年歷史的隱修院——加納戈比耶（Ganagobie）——過復活節。

在這萬念俱灰、心靈枯槁的時刻，我確實需要一點有關復活的啟示。

在緊湊的工作之後，我們由亞耳（Arles）往西斯特宏的方向奔去。南法人做事，向來隨性。前來西斯特宏，菲利普竟未與對方約好，偌大的古修院因為復活節，客房已滿，再加上抵達時已近半夜，我們這兩位不速之客只好進駐位於修院外半山腰上的柴房。雖是四月天，普羅旺斯的山間仍是夜涼如水，沒有暖氣的柴房更凍如冰窖。這樣刻苦的環境很適合來紀念主的受難。

聖經記載：那夜，基督的門徒們，沒半個人相信復活的說法，只當是跟錯人的四處逃散。對於滿懷各種理想的門徒而言，那是個失望、更是個死亡的夜晚。

而此刻，位居山上的古修院，卻星光滿天，燦爛無比。皎潔的月光將西斯特宏延伸至天際線的山谷、披上了一條銀灰色絨毯，就連遠方山腳下的河流也如一條淡藍絲帶般的清晰可見，山頂上的白雪更如出土白玉，挺立在天地之間。

就在這美好時刻，卻傳來了不尋常的啜泣聲。

循聲前往，在柴房邊、星光滿天的廣場上，竟見到了坐在石頭上的菲利普先生。

「怎麼了，菲利普？」我大惑不解地問。

復活節前夕，我與菲利普先生在西斯特宏隱修院附近山村閒逛，我從未正式替菲利普拍照，卻在這張影像的角落裡驚見菲利普身影。善良的菲利普著實教人懷念。

「我是個失敗者，老是做出錯誤的決定！」菲利普抱著頭說。

因病患減少而接受醫院提早退休的菲利普，自退休後，因一人獨居，又無法適應新生活，罹患了憂鬱症。

「你怎麼沒告訴我呢？」我訝異的問。「今天早上，你不是還說，很高興可以輕鬆點了！」

「那是我在說服自己啊！我什麼都不缺，但就不知怎麼回事？」菲利普哭得更傷心了。

「難怪你今天一路上不停的念玫瑰經。一看見教堂就進去不出來。你在找天主幫忙，對吧？」我說。「找天主幫忙沒錯，但程序不對！菲利普，你應該先去看醫生，憂鬱症是會要人命的！」

「我看了啊！我的醫生跟我朋友一樣，給了一堆我自己都再清楚不過的建議，但我就是無法振作！」菲利普難過的說。

「你的醫生給你開藥了嗎？」

「開了，但我不敢吃，怕上癮！」

「見鬼！就是已經無法控制了，才需要吃藥！你得先顧身體，再顧精神方面的問題！」我不知哪來這麼多大道理。

我本還期待菲利普安慰我的心痛，此刻，他的問題看來比我還嚴重。

我們這一老一少、一東一西，因不同原因而情緒沮喪的傷心人，到這人不知、鬼不覺的荒山

除非工作，我很少拍照。我從成千上萬的幻燈片中，意外發現這張攝於我們下榻處的半山腰柴房。這應是一處廢棄的宅院，因為在房舍不遠處就有處可鳥瞰整座山谷的平台。

野外，準備慶祝教會最重要的慶典——復活節，真是諷刺！就像兩千年前基督的門徒一樣，我們除了了無生氣，不敢有復活期待，更覺得活著是如此難熬，根本是活受罪。

這如在泥淖的心情，讓我們這對忘年之交開始聊起了痛苦的感覺。

我曾這樣描寫情變初期的心痛：那有如芒刺在背，更彷彿有把利劍杵在內心，讓人輾轉難眠。就像受了重傷卻得不著救援的士兵，雖不至於死，但就是活受罪，尤其是當尖叫力氣也絕，再也哭不出聲後，簡直與活死人無異。這生不如死的感覺，教人真正體會生而為人的悲哀。原來心痛是會要人命的。

「你知道嗎？聽說釘在十字架上的人，因為地心引力，胸膛最後會爆裂開來，直到血流乾了才會死。期間，人會先痛昏過去，然後再經歷這些過程，直到斷氣為止。」兩千年前那個自稱天主子的人，今夜就是如此喪生。

「還有一種痛苦更為可怕，那就是眼睜睜看著心愛的人痛苦至死，卻什麼也不能做！」兩千年前，十字架下基督的母親正是這樣。

「你能想像基督的母親當時能做什麼嗎？」菲利普問道。

「只能大哭吧！」我說，恰如我們無助時的反應。

在美麗的加納戈比耶隱修院聊痛苦真不合適。清晨，普羅旺斯的豔陽灑進了柴房。走出門外，碧藍天空下，山腳下的平原盡頭，是比這兒還高的山頭。山頭丘陵上佈滿了一棵棵橄欖樹，繽紛的野花在樹底下招搖。

我從不會去記恨一個人，但我百思不解為什麼有人會說謊、背叛？直到我了解這已不在我的控制範圍，這才全然放下，勇往直前，走向復原之路。關一扇門、開一扇窗都需要智慧與勇氣，與其在黑暗中自怨自艾，不如奮力曝身陽光之下。

人的心靈就是這麼有限！如此美的景色，我們卻無福消受，只覺得更傷感。

早餐時，菲利普和我聊起他與這座修院的因緣。原來菲利普年輕時，曾嘗試來此過隱修生活，幾度嘗試，都沒有成功。最後他終於接受自己沒有這種召喚，安分守己的在紅塵中生活。

山頂上的加納戈比耶隱修院初建於西元九世紀，是座古羅馬式建築。尤其是教堂內觀，是以普羅旺斯羅馬藝術高峰期的風格裝飾。龐大的修院，今日仍有二十幾位以本篤會規為本，終日以祈禱生活為主的修道人。

我向來很尊敬這種已有千年傳統的清修生活，但只要想到每天三點就得起床，一天有七次共同祈禱的紀律生活，就讓我卻步。像大多數人一樣，我曾一度以為不再涉世的隱修院是遠離社會壓力的好地方。直到我真正有機會接觸這種生活，才知道全然相反。還記得頭一次進入隱修院，用過晚餐，整個世界安靜的像半夜一樣。沒有電視、收音機、報紙、書籍，只有龐大的寂靜與虛空。世界上再沒有比面對自我，與自己相處更可怕的壓力。

就像大部分普羅旺斯的修院一樣，加納戈比耶隱修院外牆也種滿了薰衣草。但在涼夜有霜的四月，仍未冒新芽的薰衣草，一點也嗅不出盛夏時的風采，倒是豔紫的鳶尾花已四處盛開。紅色，夏日才會盛開的罌粟花，已零星的竄出於綠草之間。美麗時節不容浪費，我極力邀請菲利普與我四處走走。

「我哪都不想去！」菲利普仍提不起精神。

「你的醫生對你此刻的處境有什麼建議？」我試探性的慫恿菲利普。
「他建議我走出戶外，找點有趣的事做。」
「這不就對了嗎？走！我們開車去玩玩！」我鼓勵著菲利普。
「不過今天是望復活耶（註1），我們應謹守靜默！」菲利普還是不願意去。
「省省吧！你那些倒楣修道人，讓我們住柴房，昨夜沒把我凍死，讓他們去守靜默就好，我要去晒太陽！」
「我們該紀念主的受難！」菲利普還是不為所動。
「你的主會不會復活？」我挑釁地對菲利普說。
「當然會！」菲利普不以為然的回答。
「那你還悲哀什麼？他還好只死了三天，若是他幾年後才復活，你的日子還過不過？走啦！我們充當先知地提早慶祝他的復活！」

西斯特宏附近有幾處觀光指南上沒有記載的小山村，其中一座居高臨下的山村，全為鵝黃色石塊所建。然而整座山村靜悄悄的看不到一個人，奇怪的是，村中唯一的小教堂裡卻佈滿燭光。看得出來，村人們昨夜曾來此紀念主的受難，但此刻，人都上哪兒去了？這情景有點超現實，尤其是陽光如一把利劍，插在巷道兩旁，與陰冷牆壁間的石板路上，形成強烈對比。

傍晚時分，修院教堂大開，在此駐營的童子軍們不知打哪兒找來柴火，在教堂廣場上升起了

1：所謂望復活是復活節前夕，信徒懷抱希望等待的一種統稱。

生命比我們大。普羅旺斯的初春，四處可見盛開的罌粟花。冬季，大地一片枯寂，了無生命跡象。然而只要春天一到，蟄伏花草，猛然自大地鑽出，竟比先前還要茁壯。我自大地消長中獲得重生信心，更從基督受難的故事中獲得繼續往前的勇氣。

巨大的火炬。近百名來此參與復活禮的人們，全圍在熊熊火堆四周。修院主禮神父在其他神父協助下，開始了古老而神聖的拉丁禮儀。

傳統禮儀，神祕而莊嚴，但我更喜歡憶想當年人們等待救主復活的情景，那一定是種既期待又怕受傷害的心情，或更是一種絕望，人死怎能復生？尤其是死得如此難堪！那個十字架上的人，死前言明三天後就要復活（再久一點，那些沒信德的門徒，可能就更等不下去了）。

如果我被人出賣而死，復活後，我一定會先去找陷害我的人算帳。由於死的這麼委屈，我更要去向釘死我的人炫耀，我又活過來了。

奇怪的是，聖經記載那個人復活後哪都沒去，竟先去探望那幾個逃跑、曾對祂不忠的門徒。「祝你們平安！」是祂留給他們的祝福。

教堂裡神父還在念著聖經。今晚經文由《創世紀》開始，一直到《新約》，前後有八、九篇之多，每一篇都不短，全部念完也要個把鐘頭。我對這些串連起來的故事，向來興趣缺缺。感覺上，這些連成一氣的經文，很像是一種自圓其說的意識形態。在這嚴肅而神聖的時刻，我竟無心聽講，開始回想情變至今，複雜情緒的點點滴滴。直到現在，我的心靈仍像破了幾個大洞般，不時感到冷風穿心的難受。我想起那個被釘死的人，在斷氣之前，仍痛苦萬分地要求天上的父，寬恕他們。

原諒背叛我們的人，難以參悟。

今夜，世人在禮儀中，熱烈期待祂的復活，然而，若熱烈獻身的感情都會遭到出賣，就是能再生又有何意？我越想越難受，離開了還在進行中的禮儀，獨自走出教堂，只想回到半山腰的柴房，那兒有一座可眺望整個穹蒼和遠方山谷的平台。

回到寒冷屋內，修士們在我們外出時，送來了電暖氣、毛毯、食物，其中還有修院自己釀的葡萄酒。

「你好嗎？禮儀一結束，竟然找不到你了！」菲利普關心的問我

「修院的僧侶兄弟想認識你呢！」菲利普熱烈地說道。

看著滿天明亮的星星，我對菲利普說：

「還記得，我告訴你怎麼熬過痛苦時間的方法嗎？」

「當然記得！你告訴我一分一秒、一個鐘頭一個鐘頭的過，只要到了下一刻鐘，我們就賺得了上一刻鐘。這態度雖笨，但還管用，我的心情已好多了。」菲利普樂觀的說。

「菲利普，謝謝你帶我來這，我真高興你跟我在一起。瞧！這些星星！」我抬頭看著那些數也數不完的明亮星子。

「你相信嗎？我們現在所看到的那些星星，都是億萬年前就已爆炸了的餘光，那不再有生命的星光，億萬年後，仍是燦爛得清晰可見！」

「死亡應該不是結束，而是一種轉換再生吧！你還記得我曾與你分享南錫（Nancy）修道院裡，那座玫瑰花園的經驗嗎？那夏天怒放的花朵，到了秋天，全部凋謝。嚴冬時節，地表上沒

有任何的生命跡象。但一到春天，那綠芽又奇蹟似的鑽了出來，盛夏時，繁花照舊盛開，卻比前一年還要茂盛。如果能把生命中的高低潮，視作玫瑰花的消長，也許我們就能變得更茁壯、更美麗。」

菲利普靠近了我身邊，一同仰望天上的星星。

「雖然我不了解為何會發生這些事？但我相信這些傷害會過去的！」我誠懇地對菲利普說。

「但我們得耐心忍受這復原的過程，一種比死亡好不到哪去的苦痛。」我回頭看著菲利普。

「復活離我還很遠，但我已體會到，不該再自憐，而該力求復原了。既然下定決心，就別再頻頻回首。天曉得，我什麼時候才能走出來？但只要往前走一步，我就更接近痊癒的終點！」

西斯特宏滿天星光下，我的心情突然像夜裡晴空般的明朗美好。管他明天是否會下雨，且讓我們珍惜今夜。我們進屋把修士送來的酒，打開來喝。不遠處傳來了停車聲，「復活節快樂！」的聲音不絕於耳，山上的修士來看我們了。

「復活節快樂！」我與菲利普拿起了酒杯互相共勉。

修院附近的鳶尾花逢春開放，不過幾個月前，地表空無一物。我不禁遐想：基督復活前三日是否就像這樣的情景？鳶尾花寒冬來臨前會不會知曉有天能再花枝招展的重現？一個人能自任何情感災難及對人性失望中復原，就如鳶尾花自冰雪中鑽出再度盛開，都是不可思議的奇蹟。

艾克斯．普羅旺斯的聖誕夜

身為教徒，「聖誕夜」常被我視為一年的結束，新年度的開始。人生不過數十寒暑，這一個有告別與重生之意的夜晚對我別具意義，千禧年的聖誕夜更是如此，因為就在前一年，我慘遭情感背叛，身心受創。我刻意以龐雜的採訪工作麻痺自己，躲避心痛折磨，然而延宕許久的工作排程中，卻夾帶著一個非得停下腳步不可的聖誕假期。為此，我與艾克斯．普羅旺斯（Aix-en-Provence，普羅旺斯省的首府）的神父相約：在完成與啟動下一個採訪前，能到那兒過聖誕夜。然而，當所有教徒在歡度耶誕，享受年終假期時，我卻心如死水，全無過節的喜悅。

這年頭，總有一生得去何處旅行的誇大宣傳。然而若有機會來到普羅旺斯首府艾克斯的聖讓．馬特大教堂望一場有動人音樂、溫暖氣氛的子夜彌撒，應會讓人終身難忘。

聖誕夜前夕，我背著沉重行李和攝影器材，一路由法國西部盛產葡萄酒的波爾多，直奔艾克斯．普羅旺斯。

能到艾克斯．普羅旺斯與神父共度聖誕，來自上世紀末一個因緣。

彼時，我正從事歐陸文化遺產行旅專題製作，在拍攝普羅旺斯時，台灣的法國神父友人，特別安排我住進艾克斯．普羅旺斯的聖讓．馬特（Eglise Saint-jean-de-Malte）哥德大教堂所屬修院裡。然而，只有幾位神父、修士管理的會院，卻老的生病，年輕的又度假去了。我這不速之客直如《芭比的盛宴》（註1）小說中那位走投無路的陌生人，只憑著一封陳年介紹信，千里迢迢、連招呼都未打的就直奔而來。由於人手不足，勉強收留我的神父言明無法管我三餐。但最後，我卻一路由早禱、午禱、晚禱，連三餐都與嚴守靜默的神父修士共度，成為朋友。

興建於十三世紀的聖讓．馬特大教堂雖不是艾克斯．普羅旺斯鎮內最古老的教堂，卻是境內最美麗的哥德建築。七〇年時，法國最古老的天主教修會團體之一的道明會，在新舊思潮衝擊下，面臨分裂危機。正值壯年，酷愛音樂的丹尼爾（Daniel Bourgeois）及菲立普（Jean Philippe）神父離開了原屬修會，前來艾克斯．普羅旺斯投石問路。

「只要你們願意來，我保證給你一座美麗的教堂。」艾克斯．普羅旺斯主教對這兩位四處找尋落腳地的修道人做出誠摯邀請。

丹尼爾與菲立普神父初抵艾克斯．普羅旺斯時，哥德火焰式的大教堂（註2）雖沒有倒塌之虞，

1：*Babette's Feast*，丹麥小說家伊莎．丹尼森（Isak Dinesen, 1885-1962）所著同名小說。

2：哥德建築在十四世紀高峰期後，型式風格（尤其是正面裝飾）越來越繁複華麗，如火焰般的燦爛，因此稱為哥德火焰式（Gothic Flamboyant）。

卻因年久失修，信徒四散，龐大教堂內觀，就是晴天時也陰森得讓人不想進入，而祭台後那幾扇彩色玻璃也蒙塵暗晦，沒有神采。

慘澹的古老教堂，卻在兩位神父及新加入的年輕修道人努力下，不到四分之一世紀就重現生機。由丹尼爾和菲立普神父填寫的詩歌，更吸引了大批不再進堂的信徒一起參與例行的祈禱吟唱。

今日，大教堂已是艾克斯．普羅旺斯境內最著名的宗教勝地。就連晨、午、晚，甚至夜禱也成為觀光局推薦的文化活動之一。

彼次駐留，我不只一次在煥然一新的大教堂裡，為無伴奏吟唱所感動。尤其是晨禱，燦爛陽光自教堂東邊浮現，彩色玻璃上那些久遠，早已成傳奇的聖人圖像，在五彩光芒中，如俯視眾生般地再度復活。鵝黃色的教堂內觀，在燦爛燭光中變得溫暖異常。人間一天，在信徒充滿讚美的四部混聲吟唱中開始，真是壯觀又神聖。

就是這美麗而神聖的氣氛，日後，每當到法國南方工作，我總要想辦法到艾克斯．普羅旺斯來，它讓我這四處奔波的遊子有回家的感覺。

「明天就是聖誕夜了！您看我如此工作及趕路，沒有心情反省，這聖誕夜怎麼過啊？」我擁抱著為我開門的丹尼爾神父。

「先吃飯，再睡個好覺。放心吧，你會有一個美麗的聖誕夜！」幾杯葡萄酒下肚後，我沉沉的進入夢鄉。

清晨醒來，我終於有機會細細檢視這一個月、甚至這一年在幹什麼？

自被情感出賣後，我內心深處總有股自卑。怕觸景傷情，任何美麗、溫存的人事物，全被我敬而遠之的擋在心門外。為重拾信心，我瘋狂投入工作，超乎尋常的完成了不少德法人文地理專題，更出版了多本圖文並茂專書。就連此刻，我的攝影展仍在更南方的尼斯熱烈展開。但我心中總有一股莫名悲哀。這麼一個神聖日子，我除了感到自己一無是處，更對未來毫無期許。

「今晚的聖誕大餐，主菜是魚，你若真的想貢獻什麼？白酒會是很好的選擇！」主廚小修士伯努瓦（Benoit）打斷我漫無邊際的思緒，愉快地對我說。

生就一副白淨、和尚臉的伯努瓦，總被我取笑說他天生就是當神父的料，更以為他修了道，就遠離紅塵，自此無憂無慮。然而事實並非如此，為了當修士，伯努瓦與開麵包店的父親已多年不講話。原來伯努瓦的父親，因痛恨他的天主連這唯一的寶貝兒子也要自身邊搶走，就再也不進教堂了。

我很難明白全然獻身的信仰熱情。少年時，我也曾有為主獻身的熱火，不過那究竟是在現實受挫的逃避反應？還是真為追尋一種超性生活？直到此刻，我仍是難以釐清，但彼時，我對上帝深感信心，就連考大學這種事，都請天主幫忙。

然而，不知是生活太平穩，還是對俗世不再有野心？我的祈禱早脫離祈求美夢成真的層次。為此，每次到手的機會雖很珍惜，卻也變得索然無趣，更覺得自己已成為大資本主義環境中那

我喜歡美麗教堂中的神聖氣氛。艾克斯坐東朝西的聖讓・馬特大教堂，黎明陽光自東邊灑進，彌撒吟唱聲響起，人間一天如此開始，真是動人。

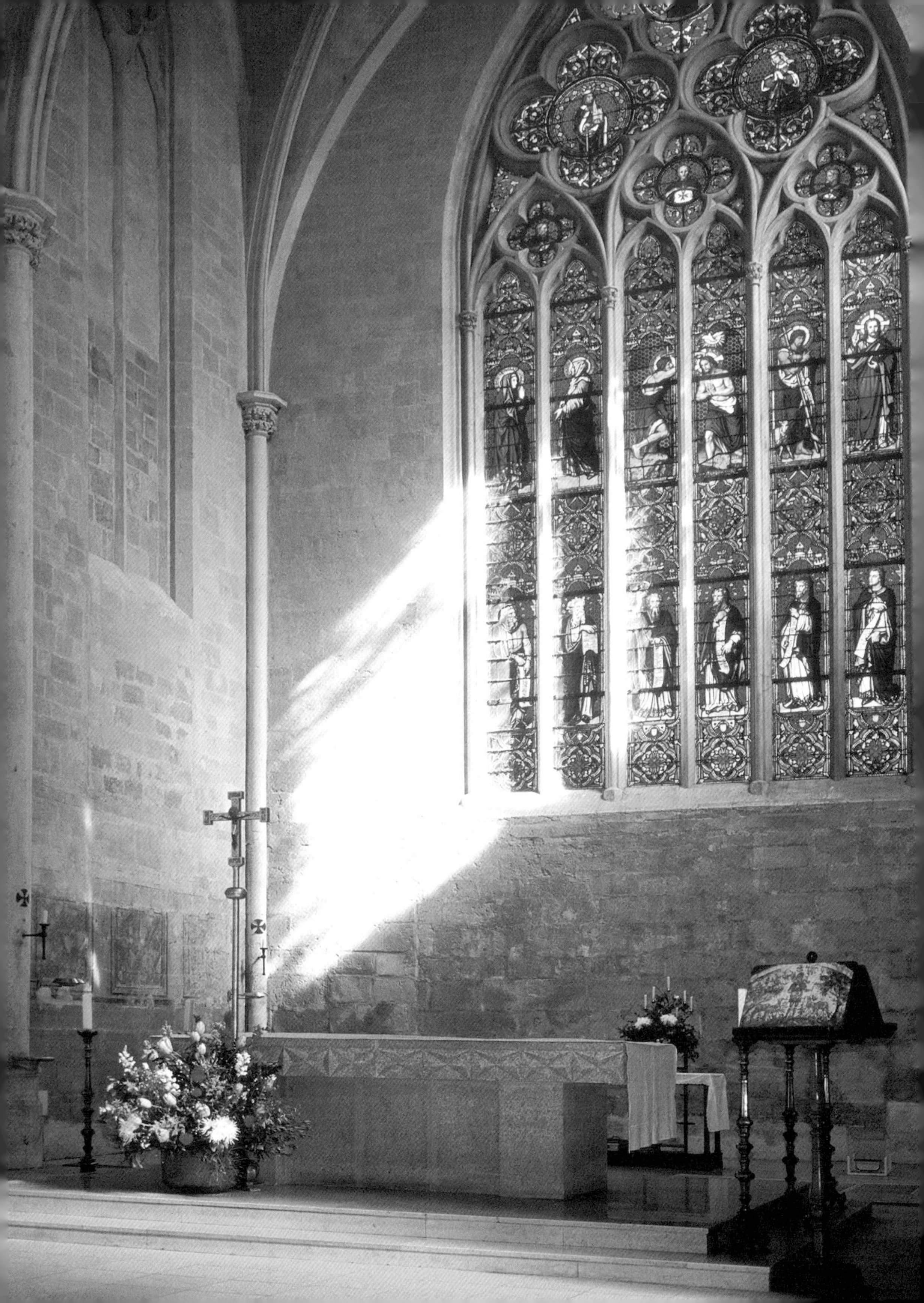

種「要更好！要更多！」，停不了又放不下的怪物。

晚間八點，晚禱一過，豐富的聖誕大餐正式開始。伯納德（Bernard）神父用金色、藍色鋁箔紙佈置的桌面，將原本肅靜的餐廳裝飾得喜氣洋洋。除了教堂的神父，今晚還包括幾位女性神學家、東歐來的年輕神父和我這新大陸來的東方人共饗盛宴。

有十二種菜式，包括鵝肝醬的飯前菜，如瑰麗拼圖般的被端上桌。聖誕夜，不必守靜默的餐廳裡，一道道法式好菜，讓人讚嘆。

「你哪兒買的酒？口感這麼好！」丹尼爾神父捧著酒杯驚嘆問道。

「就對面那家小酒商啊，我什麼也不懂，只對老闆講，給我店裡最好的白酒！」

一早，在聽完伯努瓦的建議後，我就上街找白酒，聖誕前夕，寒風蕭瑟的艾克斯．普羅旺斯城裡滿是購物人潮。市集內，每一個攤販盡其所能的招呼客人，尤其是海鮮攤位，一盤盤被預訂，堆如小山高的生蠔，令人食指大動。

順著人潮，竟發現教堂邊就有一家酒商。推門進去，店中看似老闆的一對老夫婦，笑臉盈盈地講著我聽不懂的法文。

「我們晚上吃魚，我要好的白酒。」我找到一位也在店中購物的女孩為我翻譯。

「那你們吃哪一種魚呢？」一位好心的中年男士加入了討論。

「我不知道？這有差別嗎？」我狐疑的問道。

「當然有差啊，如果腥味較重的魚，你就需要味道干一點的白酒。」中年男士把他的見解告訴老太太。

「當然！你還要知道他們怎樣料理魚？烤的、蒸的也有不同的白酒搭配。」老太太像媽媽般誠懇的說。

「請稍等，我回去問個明白！」我匆匆的跑回教堂。

「我們吃清蒸鮭魚！」我大氣不敢稍喘的跑回來。

「那就這瓶囉！」老太太聽完了翻譯，不加思索的從桌上十來瓶白酒中撿了其中一瓶。

「嗯，好酒！」每一個在場的人都湊上來為我驗證一番。

「要幾瓶呢？年輕人！」老闆慈祥的問道。

突然間，開始擔心這好酒的價錢我可能消受不起。大事折騰一番，若不買可真丟臉。

我開始盤算，若五十元美金一瓶，那就買兩瓶？若一百元，哎……

「請問您這一瓶單價多少？」我故做闊佬的問道。老夫婦將已換算成美金的計算機遞給我。

「什麼？」我不敢置信的尖叫出來。

「我要一打！」我像中樂透獎般興奮的對老夫婦說。

我不是不知道聖誕大餐後，神父修士們還要做子夜彌撒，這是今夜的重頭戲。

但這美麗的氣氛，讓我很難不為在場的每一位人士添酒。我想起了《若望福音》，基督所顯的第一個奇蹟，就是在一個窮困婚宴中，將水變成酒的故事。

基督的母親瑪利亞在宴席進行到一半時，憂心的對基督說，「他們沒有酒了！」

基督一定希望人們快樂，他未嫌棄這奇蹟太微不足道，便將水變成了酒，而且還是上好的酒，讓大夥盡興，將歡樂延長。

微醺中，我似乎感到，此刻祂好似在我們之間，一起慶祝祂的誕辰。

我更想起了新約第三章《路加福音》的敘述：

> 一個能除免世罪的嬰兒為我們誕生了。
>
> 東方的三賢士，在天空發現了那顆異星，大老遠前來白冷城朝拜那位嬰兒。隆冬白冷城外的牧人們，驚駭地聆聽天上的使者說：「不要害怕！看，我為你們報告一個全民族的大喜訊。今天在達味城中，為你們誕生了一位救世者，他是主默西亞。這是給你們的記號：你們將看見一個嬰兒，裹著襁褓，躺在馬槽裡。」

大教堂最西側入口處的右邊迴廊裡，神父們以普羅旺斯的傳統，佈置出這一幕景象。然而，這一年一度在基督徒之間被大肆紀念的故事，對應現實，竟讓我感到荒謬。尤其是昔日白冷城近郊的耶路撒冷，戰火終年不斷。但也在一杯杯白酒下肚後，我彷彿看到那初生嬰兒此刻正以

聖讓．馬特大教堂不是艾克斯最古老的哥德式教堂，卻是城內最漂亮的哥德建築，建於西元十三世紀的大教堂是哥德建築晚期的火焰式風格。古老教堂在溫暖光線烘托下宛如人間聖境。

他對世界信任的無邪笑容，流露出自創世以來，世人最嚮往的期許——天主榮福樂天庭，善人在地享太平。

為了拍照，子夜前一刻，我爬上教堂最西邊樓上廢棄的管風琴位置，一個人高高在上的俯瞰整座教堂。神父、修士們在樓下上鎖的大教堂裡來回穿梭，確定一切就緒。

今夜，我是那位前來尋找那顆異星的外邦人。

「準備好了嗎？尼古拉斯，我要開門放人進來了！」克里斯多福（Christophe）神父在底下對我大聲喊道。就在這時，子夜鐘聲大作，我看見黑壓壓的人群，如潮水般的自我所處的琴台下方湧進教堂，有的為了佔好位置，竟跑步奔向祭台。

法國不是只有百分之五不到的人進堂嗎？一排、兩排、三排，不到十分鐘，大教堂已被擠得水洩不通，起碼坐了上千人。丹尼爾神父在祭台邊揮舞雙手，熟悉的四部混聲合唱，如〈搖籃曲〉般的被輕輕吟出。普羅旺斯特有的皮鼓和小邦笛，清脆報出救主誕生的訊息。

琥珀色光線的大教堂裡，大批兒童這時隨著神父由東面祭台一路走向教堂西邊的迴廊，原來他們也要去朝拜那位剛出生的嬰兒。那小嬰兒被主祭者輕輕地放進早已佈置好的馬槽中。一時間，那一尊尊有半個人高，普羅旺斯人們稱之為Santos（註3）塑像在逐漸明亮的燈光中變得鮮活起來。

環繞在馬槽邊的塑像，沒有君王、貴族，反而是身著傳統服飾的普羅旺斯百姓。他們有頂著寒風的老人、抱著羊犢的孩童、夾著麵包的夜歸人、背著剛收割下來的薰衣草農人、手捧向日

3：普羅旺斯著名的人偶，各種型態都有，有人物、動物、房舍等等。

葵的年輕女郎，還有醫生、村夫老嫗，其中還有一尊最靠近聖嬰，右手提風燈照耀著新生兒的老先生，他臉上的喜悅表情，彷彿是老祖父初見新出世孫兒所發出的讚嘆。這真是世界上最美麗的馬槽。

孩子們將馬槽後方找到的紙星星，一顆顆貼在祭台後方的彩色玻璃牆面下。混聲合唱這時更如江河般的傾瀉而出，大教堂一盞盞大燈也全部打開，連祭台右方迴廊那幅浪漫派大師德拉克洛瓦（Eugene Delacroix, 1798-1863）的幽暗名作也變得光彩奪目，神聖的聖誕慶典於焉開展。

就在這燦爛輝煌時刻，我的雙眼卻開始變得模糊起來……

我不禁想起歷年的聖誕夜。

仍記得孩童時，有次與青年會去報佳音，我們來到位於台南近郊，由天主教所辦的慈幼中學，去找仍在校舍頂樓工作的校長神父。那學校不遠處有一座墳場，由大下坡墳場颳上來的野風，狂烈恐怖得幾乎要把人吞沒。

點點燭光中，滿是書生氣質的校長，驚異我們的到來，不知道如何回報我們這些不速之客，校長大人只能呵呵傻笑，最後還給了我們一把鈔票買點心。

彼時我是如此篤信與歡喜救主到來，那麼信任教會的教誨：世上一切早有安排，我的生命將永遠被祂照管。就像成長中的青少年，我也曾反抗，更拜託祂少管我的閒事，在看到世上無數因不義而受苦的人們，我更厭惡祂的沉默與無能。

人到中年，仍在異鄉漂泊，當未來歲月將比過去時日少時，我竟問到：「主啊！祢究竟要我過一個什麼樣的生活？對我還有什麼期許？」

一時間，我又感到了那股熟悉的悲哀……

凌晨兩點，子夜彌撒的人們已全然散去。我回到大教堂邊，全然恢復原狀的餐廳裡，驚見丹尼爾神父一個人捂著肚子，坐在陰暗的餐桌旁。

「神父，您不舒服嗎？」我關心的問道。

「沒什麼！太累了，胃痛。」神父苦笑著回答。

我緩緩的在神父身邊蹲下，握著他的手。

「謝謝您讓我來，這是我度過最美的聖誕夜之一！我不能將這一切視作理所當然！」

「喜歡，就明年再來，我們都歡迎你！」丹尼爾睜大眼睛對我說。

我實在不忍對他說，再過二十四小時我又要啟程去工作了，但這一刻我已不再感到悲傷與自憐。

「告訴我，子夜彌撒中你體驗到了什麼？」神父開玩笑的問道。

「送完聖體，彌撒結束前我在底下，看你一直在管風琴邊跳個不停，我真擔心那危樓整個塌掉！」

「你還記得，我來的那天心情如何混亂嗎？」我試著切入主題。

身為教徒，一年一度的子夜彌撒對我別具意義。禮儀中，不僅對今年充滿感恩，更對來年充滿期待。不論獻身什麼信仰，每個人心中都該有個類似的一天，一個可以讓自己全然交託，眺望未來的時刻。

聖誕大餐前一景，理家神父正在確定最後擺設。

「我不停抱怨自己的工作，厭惡這種四處奔波的生活，更不屑去當那種取悅大眾的藝術家，我不知道自己究竟怎麼回事……」神父笑而不語的聆聽著。

「您最後不知怎麼安撫我時，只不停對我說，放輕鬆，我沒有迷失。努力放下！嘗試把自己全然放在祂的懷裡。」

「我仍記得當下眼淚幾乎要落下來的說，但願我還有這樣的信德！」

一陣靜默後，我鼓起勇氣繼續說道：

「今晚美麗的彌撒中，祂竟回答了我的疑惑！」神父看著我，收起笑容，肅然危坐起來。

「我彷彿看到了那成長後的嬰兒，仍懷抱著無與倫比的愛情與憐憫，卻一再被人拒絕，甚至出賣，最後還遭遇了痛苦肉刑。

今夜，在那千百年來，一再重複的血肉祭中，祂彷彿溫柔的對我說：生命比我們大！且真心擁抱、善待自己。懷抱一顆柔軟的心，凡事相信，凡事盼望地生活在當下！」

我握著神父的手激動地對他說：

「原來祂一直沒有離開我！而是我不讓那嬰兒成長，我失掉了對祂的信任。我照自己的方式生活，雖未虛度光陰，卻也很久無法祈禱了。然而就在彌撒結束前，突然有股力量，自我內心深處，如泉水穿透旱地的，驅使我開始漫無意向，喃喃地囈語：主啊！幫助我！請幫助我相信！今天要比昨天好！」（不是嗎？今天多奇妙啊！）讓我懷抱希望的繼續往前。突然間，我的聲音，如洩洪般的明朗振奮。我大聲喊出：

「請幫助我相信！明天要比今天好，明年會比今年更好！」一股久違的暖流，突然如天降甘霖般的將我乾涸多年的心田滋潤。我因為情感災變，而瘋狂埋首工作的傷害終於過去了。我信心飽滿擁抱著神父說：「就在那一刻，我突然體悟，只要我真誠又良善的生活著；我就當得起這世界上的一切美好事物！」

聖誕快樂，艾克斯·普羅旺斯。

尼斯展覽記

千禧年底，我在法國蔚藍海岸的尼斯舊城區，舉行了生平第一次法國攝影個展。Alain Couturier畫廊，離尼斯著名花果市場不遠，是尼斯頗富盛名的藝廊之一。風情無限的地中海與畫廊僅一街之隔。野獸派大畫家馬諦斯的工作室，就在畫廊附近一座巴洛克式的黃色古典建築物裡。

能在馬諦斯、夏卡爾（Marc Chagall, 1887-1985）、杜菲（Raoul Dufy, 1887-1953）、畢卡索這些偉大藝術家駐留過的城市舉行個展，我有種與有榮焉的虛榮感。

不過數年前，我的攝影藝術還經營得有聲有色，除了在美國參議院、德國的萊卡藝廊展出外，個人攝影專題也陸續在美歐專業的攝影雜誌上發表。

然而，再傲人的資歷，也抵不過現實壓力，為了謀生，純屬個人創作的攝影藝術，陷入「三天打魚、兩天晒網」的半歇業狀態。會來尼斯，主要也是為了折腰小利，從事與藝術無關的其他攝影工作。為節省開銷，我下榻在由諾伯特（Nobert Sonier）神父主持的道明會修院裡。

由修道院管理的巴洛克教堂，雖位處舊城中心，外觀卻通身漆黑地一如鬱悶的教堂內觀。有十數位修道人居住的會院，由於會士大多年老，偌大修院，死氣沉沉。極其諷刺的是，依附在教堂邊、如公寓般的修道院，就座落在車水馬龍，甫才整修的尼斯歌劇院對面。夜幕低垂，修道院外的大街小巷，遊人如織，歌舞昇平，對照修道院內，那幾位身著白色會服，偶爾出現在冷清又黑暗長廊裡的老神父，活像走錯時空的幽靈，無比淒涼，讓人感到錯愕。

在蔚藍海岸工作期間，我盡量與會士一同用餐，我的尼斯展覽緣由從此說起。

尼斯是法國僅次於巴黎的藝術重鎮，許多現代偉大藝術家都曾在這駐足。舊城區面對花市的黃色巴洛克建築曾是野獸派大畫家馬諦斯的寓所。能在這藝術薈萃的地方舉行攝影個展，與有榮焉。

RUE
ROSSETTI
CARRIERA
DEL VOUTA
Art´ Thé
Atelier
Art´ Thé

尼斯是座充滿色彩的城市，舊城區的建築牆面色彩，在陽光的輝映下儼然是一幅幅渾然天成的畫作。

為在最短時間內做最多事，我日日早出晚歸，但我盡量趕在晚餐前回來。除了省錢，實在是修道院裡的法國菜極為好吃，再加上一杯接一杯的紅酒，我一天的辛勞全部消除。

用餐時，我身邊常出現一位穿著邋遢、不修邊幅的中年人。可能是修院的客人，我們常被安排坐在一起。這位大漢，總穿著一件陳舊藍西裝和線頭外露的長褲。而他外套裡那件帶有濃濃汗味的淺藍襯衫鈕子從不扣好，濃密的胸毛就像乖張火焰般的自襯衫竄出，將剃個精光的腦袋，出落得有如正午太陽。

每回，這位陌生人進餐廳，在摘掉帽子、放下背包前，活像法國長途慢車上，二等車廂裡的查票員。

我知道法國天主教會兩極化，但很難理解，在保守修道院裡，怎會長期收留一位與這裡的環境格格不入的怪人？像小孩般，我有時會偷瞄這位來路不明的傢伙，不小心四目相對，這老兄還會挑釁的對我眨眨眼，我卻像踩到地雷般的趕緊把眼珠轉移到安全方向去。

不懂法文，在修道院期間，我唯一能交談的是修院主持諾伯特神父。

「我們樓下有個不錯的畫廊，若有空，你應當去看看！」

雖然諾伯特神父一再提醒我，我卻興趣缺缺，只想早點把這兒工作做完，往下一個目的地奔去。

有天，一場突如其來的暴風雨，讓我狼狽不堪地自坎城提早回來，就在我匆匆往修道院跑時，卻意外發現神父老是跟我提的畫廊。那面積不大的畫廊，由天花板到牆壁，通身一片雪白，與比鄰的、黑漆漆的大教堂恰好形成強烈對比。我眼睛一亮，彷彿被催眠般的走了進去。

我已有相當時日未接受藝術洗禮了。仍記得，每回藝術創作受挫時，只要進入專業畫廊，或博物館，熱火就能輕易再點燃。現實壓力，生活煩惱，甚至創作焦慮，在這一片盡情抒發的空間裡，全被我丟在九霄雲外。然而，為了生計，我硬是將臨門一腳，仍在進行中的創作專題丟在一旁，再加上情變巨創，我再也不敢前去欣賞富有生命力的藝術創作，反將自己更瘋狂的埋葬在工作之中。

而今，我卻在這有著美麗畫作的小天地裡，再度體會了久違的藝術美妙。畫廊外，大雨滂沱，我雖然全身溼透，但那早就被我悶熄的藝術激情，此刻卻死灰復燃，烘得我一身溫暖……

「我的作品該在這裡發表」這念頭，像大火燎原般的自心中升起。

「你知道樓下那座畫廊的負責人是誰嗎？我的新作《花》系列攝影很適合在那兒展覽喔！」晚餐時，我諂媚的對諾伯特神父說。

「你終究去看了那畫廊。」諾伯特神父驚訝地回答。

我與諾伯特神父相識甚早，多年前第一次來法國時，神父就深愛我所拍的母親大陸老家系列的人像作品。他為我不繼續創作，卻跑來從事旅遊攝影感到不可思議。

「畫廊的負責人就是天天晚上吃飯時，坐你旁邊的那位神父啊，你連正眼也未瞧過人家！」

「什麼？」我不可置信的喊出來。

「你說那個看起來像黑手黨的傢伙是神父？」我倒抽一口氣，心裡涼了半截，看來這展覽計畫可能就此告終。

這時，這位像黑幫老大的神父，彷彿察覺正在談論他，雙手撐著桌面望向我們，之後大剌剌的往我們這兒走來。

「這是尼古拉斯，是位相當優秀的藝術家！」身為院長的諾伯特神父，相當優雅的把我介紹給這位我誤以為是黑手黨、火車查票員的「神父」畫廊老闆。

「喔！是嗎？」黑手黨神父伸出了粗壯大手，卻用一種很不以為然的眼光，上下打量著我。

「我是個攝影家，我有一套很適合你畫廊氣氛的創作，希望你可以邀請我來這兒展覽！」我鼓起勇氣，厚臉皮說道。

「我的畫廊在尼斯可是很有名呢！」好像我會砸了他招牌似的，黑幫神父再度用那不信任的眼神看著我。這回我反倒成為這老兄眼裡一位來路不明的傢伙。

「你一定不相信我，這樣吧，等我回到美國，把個人資料寄給你看再說吧！」我開始找台階下，並想打退堂鼓的說。

此時，諾伯特神父發覺氣氛不對，開始打圓場說，「尼古拉斯是尚・皮耶（Jean Pierre）的好朋友呢！」聽到尚・皮耶的名字後，黑手黨神父態度瞬間轉變，「你是皮耶的好朋友？」

「是嗎？」我頭皮開始發麻，心裡嘀咕著。

我永遠不會忘記尚・皮耶。

十幾年前我第一次到巴黎時，法籍李神父千里迢迢的趁回法國之便，將我的作品從台灣帶給這位藝評家尚・皮耶過目。仍記得神父那次帶去了兩套作品。第一套是我一九八八年在台北美國文化中心展出的《黃昏》系列，另一套就是才剛在台北誠品發表完的《老家人》（一九九一年時報出版公司出版）專題。

那次約會我給神父丟盡了臉。

第一次赴歐，看到超市裡琳琅滿目的便宜葡萄酒，鄉巴佬似的我與一位巴黎窮留學生買了一堆葡萄酒，中午吃飯時，一瓶瓶的開來品嚐。當天下午我們抵達巴黎聖母院旁的畫廊時，我已醉得只差沒倒下。為我牽線的神父朋友當下面色鐵青，因為他好不容易為我安排了這位在巴黎藝術界小有名氣的藝評家見面，我除了嚴重遲到，還這副德行。

花朵很自在！它從不會因為有人欣賞，就開得更豔麗，人們就是不注意它，它也兀自綻放。愛也好、不愛也好，花就是盡情地做自己。難怪先知大德會鼓勵我們，愛花，賞花，向花學習那無慮與自在。

我依稀記得在神父翻譯下，這位藝評家將我的第一套作品評得一毛不值，但卻將我的《老家人》系列奉為大師級作品。雖然日後皮耶也看過我的《花》系列，但這位老兄好惡相當極端，再加上言語不通，讓我無法明白他究竟對我的藝術創作是什麼評價？

在這尷尬時刻，諾伯特神父真是哪壺不開提哪壺，又冒出個讓我心虛的尚．皮耶。別說是好朋友，這麼多年過去了，天曉得皮耶是否還記得我這號人物？

剛發起的展覽大夢，應該可以就此宣告結束。

夜半時分，我睡意矇矓的躺在房間內看書，門口突然傳來了不尋常的敲門聲。半開房門，逆光中，一位雙手交叉在背後像教父般的光頭大漢，威嚴無比的出現在門外。

「尼古拉斯，你睡了嗎？」這低沉的聲音讓我毛骨悚然。修道院的神父們早就入睡了，這傢伙究竟是誰？

「走！穿上衣服，我們去外面喝一杯！」剎那間，我才明白黑手黨神父來了。

「都半夜了，你幹嘛要請我喝酒？」我想起晚飯後的情景，有點委屈的問道。

「走啦！我們去喝一杯，我想找你談談，」神父有點抱歉的說。

「喔……」這其中一定有詐。

我捂著嘴，眼睛睜大，不放心的問道，「您的態度怎麼一百八十度轉變啦？」一時間，我發現這大漢竟有溫柔的一面，朦朧面孔的雙眸竟發出了鑽石般的神采。

「我打電話給尚．皮耶了，」神父眨眨眼神祕的對我說。

「天啊！你竟敢背著我打電話給皮耶。」我睡意全消，雙手捂嘴，吃驚地問：「他怎麼說我？」

「他說你是天才，一位不可多得的藝術家，叫我快把你簽下來！走！我跟你敲展覽檔期！」

就這樣，一年後，我帶著台灣精心沖洗的三十幅大照片，和精心製作的海報再度來到尼斯。距離這次個展，我已經有很多年不再開個展了。越開賠越多。雖然有時也能無心插柳的賣出不少作品，不過周旋在所謂的上流社會間，我有時也不免懷疑，難道這就是藝術家的宿命？風光酒會結束，雖有不錯的評論，但不見得能帶來穩定的收入。

今晚沒時間細想這些問題，波伊特（Boiit）神父是此間重要的藝術人士之一，展覽開幕酒會來了許多有力人士，包括尼斯攝影博物館主任、聯合國文教基金會舞蹈部門主任之類的大人物。但最令我開心的是，酒會現場有不少好酒。

「別只顧著喝酒，你得照顧我的朋友，」神父將我介紹給到場的貴賓。

「哎呀！對不起我遲到了！」一位年前經神父介紹相識，住在蒙地卡羅的貴婦也慌慌張張的來了。「對不起！我今天在外辦事，來不及回家換衣服。你瞧，我特別臨時買了這套衣服來參加你的開幕典禮！好不好看？」美麗的婦人邊說邊擺出如模特兒般的姿態。

「美極了！」我看這一身所費不貲的名牌服裝，訝異的說。

「下星期我為你在家中辦場聚會，到時我們再聊！」我又再度被人群包圍。這時我才發覺來看展的女士竟然大多穿著昂貴的貂皮大衣，好一幅上流社會的沙龍景象。

「尼古拉斯！容我為你介紹我的好友，」聯合國文教基金會舞蹈部主任和他的夫人將一位已有相當年紀、氣質高雅的女士帶到我面前。原來這位女士是位芭蕾舞家，為了表達我對芭蕾的熱愛，我對這位女士說，多年前我曾在台北國家劇院欣賞過俄國舞蹈大師瑪雅．普麗瑟斯卡雅（Maya Plisetskaya, 1925-2015）的《垂死天鵝》，且有幸單獨與她用了次簡餐呢！

「這位女士的《垂死天鵝》可是一點都不輸瑪雅喔！」舞蹈部主任插嘴道。

我有點不太相信，還有誰能比得過瑪雅呢？「你週末來我家，我跳給你看！」雍容華貴的老婦人像位巨星般的對我點頭示意。雖然如此，我卻越來越懷疑，今晚這華麗的一切像宿醉般的太不真實，這些社交話可能酒醒後全不能認真。

「尼古拉斯來，這就是下一位將在此展覽的藝術家。」一位留著鬍子，十足波西米亞人的藝術家在我面前出現，畫家寒酸的穿著，讓我感到一種再熟悉不過的親切感。看來畫家的生活相當刻苦，典型的赤貧階級。然而，在這樣一個空間裡，每個人都能沒有距離的盡情相融。

「尼古拉斯為我們唱首歌！」在眾人的起哄中讓我想起了短篇小說《芭比的盛宴》中那位謙卑、盡心為人烹調的大廚名言：「藝術家是不會寂寞的，人們的喜悅就是他們最大的賞報！」而此刻我更認同書中另一句名言：「請給我一個機會，讓我盡情發揮！」在快樂的時光中，我

藝術是美妙的，好的藝術能激發人性深處那份對美的追尋，除了能保留一個從不重複的時代記憶，更可以開闊的胸襟來認識與關懷這個世界。尼斯舊城區的牆面在地中海陽光的照耀下，宛如一幅幅結合人文、歷史、自然光影的美麗圖畫。

感到身為藝術家的榮幸。

我不知道那夜酒會何時結束？只記得已成為好友的黑幫神父幾乎是架著我，把我帶上樓。

故事到這還未結束。

第三天我應邀前去參加一場盛大的藝術聚會，原來是法國公共電視台新拍了一部「向一位偉大藝術家致敬」的紀錄片，今天正式發表。

由尼斯市長親自主持，尼斯文化中心人山人海，好不熱鬧，這盛大的場面讓前晚的酒會宛若家家酒。

電影開始了，原來是介紹一位舞蹈家的電影，黑白記錄片中主人翁曼妙的舞姿令人陶醉。電影全為法文旁白，沒一句聽得懂。此時電影進入了彩色，開始採訪一位老婦人。

「啊！我認識那個人哪！她前晚有來我的展覽酒會，她是誰呀？」

我不好意思的問我身邊的女士，沒想到那穿金戴銀的貴婦用一種很不屑的眼光看著我，似乎不相信我連影片中的大人物都不知道，竟還說她有來參加我的展覽酒會，簡直是扯謊。

「真的！你可不可以告訴我她究竟是誰？」我低聲下氣的追問。

「她是法國現今在世最偉大的女芭蕾舞蹈家嘉寧．夏拉（Janine Charrat, 1924-）女士，今天的聚會就是向她致敬！」隔壁女士沒好氣的回答。

這時我才明白，聯合國文教基金會舞蹈部主任的介紹不是虛言，更讓我汗顏的是，前晚我竟那麼不知好歹的與這位老婦人在酒會中大跳雙人舞。

電影完後，在場數百位人士一致起立鼓掌，前夜與我共舞的老婦人，在鎂光燈中高貴地走上台。緊接的酒會，滿滿人潮。就在這時，她看到了我，跟我招手，眾人眼光向我投來，為我讓出一條路來。我無限榮幸，如蒙女王召見般的走向前去。嘉寧女士親切的拉起我的手來，不停的告訴我，前晚她有多愉快，還不停的對她身邊的「大人物」說，「你們一定要去欣賞這位年輕人的攝影作品！真是好極了！」我有點不好意思起來，覺得該把位置讓出，讓其他人來接近這位偉大的藝術工作者。

「年輕人！珍惜你的天分！更祝福你好運！藝術是美妙的，千萬不要輕言放棄！」離開前，嘉寧女士給了我一個慈愛且充滿祝福的擁抱。

多年過去了，我的藝術道路已轉個彎，然而我從不懷疑藝術的價值，更無悔獻身。我究竟能否在藝術天地中更上層樓，獲得更高的成就，或有天黯然地不再執著？尼斯攝影展，在我有限的人生歲月裡，仍讓我無限感恩與回味無窮。

菲利普先生

一直到深秋，我才得知在里昂的菲利普先生，已在初春時過世。在此之前，我還奇怪他去哪度假了？為什麼電話老是請留言，卻又不回覆。那是個網路仍未普及的年代，除了電話與傳真，想聯絡一個人還真不容易。

認識菲利普是在四分之一世紀前的秋天，彼時我出了生平第一本攝影文集，開了一次成功而盛大的攝影個展，在神父友人的安排下，我第一次前往歐洲。在法國里昂期間，神父本為我安排住進舊城中心的聖迪濟耶大教堂（Church of Saint Zizier），與一群僧侶一起生活。然而，在我抵達里昂時，本要接待我的神父，卻因為生病，臨時把我安排住進位於教堂轉角處的教友菲利普先生家。

菲利普生性幽默，樂心助人。他是虔誠教徒，每星期一定去望彌撒。里昂舊城區有許多以當地名人為題的壁畫，在他家附近轉角處的書店牆上，有一個以當地著名的皮耶（Abbé Pierre, 1912-2007）神父為題的壁畫，菲利普像小孩般的彎腰吻他的權戒，表達敬意。

初見菲利普先生是在教堂的主日彌撒中，頭頂微禿的他穿了件醒目的綠色西裝，削瘦的面孔竟被乖張、綠色鏡框的太陽眼鏡遮掉了一半。這身造型，讓菲利普先生在龐大又沉重的哥德大教堂中，像花叢中一隻會發出嗡嗡聲響，片刻也不歇息、有著誇張綠眼的大果蠅。

菲利普是個虔誠教友，更是專業眼科醫生。縱然有很多女性朋友愛慕他，但四十開外的他似乎很享受不受拘束的光棍生涯，在他家的那段時光，他天天晚上都外出聚會，例如歌舞劇排演、藝術沙龍、電影欣賞。除了醫師專業，他的生活可是多采多姿。

而菲利普的家就在里昂舊城中心，里昂市議會、美術館都是步行五分鐘以內就可到達，因此，我在里昂停留期間簡直是如魚得水。而讓我最瞠目結舌的是菲利普那棟有數百年歷史的老公寓，六層樓高的石板階梯，竟因長期走動，每個台階，都被硬生生的踩出足跡大小的凹痕。

每個人，一生中多少有段黃金歲月。我的輝煌時期恰是那一次為期不短的歐遊時光。而今想來，所謂黃金歲月定義倒不是完成了什麼大事，獲得什麼成就，而是充滿活力的身體裡仍有顆對世界滿是好奇的慈悲之心。

就以在里昂的時光為例，每天都是嶄新的一天！我日夜走訪古蹟，對接待我的僧侶的生活充滿好奇，更興奮的是能接觸到不同人、事、物。

為此，還鬧過不少笑話，例如，有天晚上，我接到一位同是菲利普好友的女教友邀請，前往她家用餐。我除了盛裝赴會，更以為法國人請客一定有生蠔、蝸牛、鵝肝醬這些法國名菜。因

聖迪濟耶大教堂是里昂舊城區最著名的哥德建築之一，這座建於十三世紀的教堂是哥德晚期的火焰式風格。菲利普先生家就在教堂正前方左側的巷道裡。由於緊鄰教堂，住在菲利普先生家期間，我出家門、進家門前都會先去教堂報到。

HASLEY

此，當晚女主人殷勤請我用生菜沙拉及通心麵時，我大多蜻蜓點水的淺嚐即止，因為想騰出胃的空間，吃到更美味的食物。未料，上完了通心麵，整個晚餐再也沒有任何東西。

當晚回到菲利普家，我竟問他，家裡還有沒有東西吃？他為我剛吃完飯就喊肚子餓感到吃驚。我卻對他說，若在台灣以這種菜色招待客人，保證不會再有朋友上門。

那回，我在菲利普先生家整整住了兩星期，雖未享受到鵝肝醬，倒是吃了不少生蠔（在菜市場吃的）。原來生蠔上市時，菜市場都有賣生蠔的攤位，客人要吃多少就買多少，老闆除了為客人撥開生蠔，更會配上一杯白酒。大夥就站在攤位前的小桌邊，如吃路邊攤的吃將起來，非常有趣。

年輕時旅行，沒有不動產負擔，只要喜歡，哪兒都可待下來。我那一年的歐遊之行，每一個定點，最後都幾乎以逃跑形容，因為我深怕感情閘門一開，情感戰勝理智，會就在此長住，不再前行。離開菲利普也是如此。在此之前，他一直慰留我。然而我仍得繼續早已安排好的義大利行程。臨別的那個早晨，他堅持送我到車站，且囑咐我，上車坐右邊，因為一個多鐘頭後，我會看到一片美麗的大湖。

抵達車站，雖然離開車時間仍有幾十分鐘，他就是不肯離去。

為遣懷尷尬氣氛，我對車窗下的菲利普開玩笑說，「你快去上班吧。你不走，我無法啟動往下一站的心情。」聽到這話，菲利普突然嚴肅地望著我：「那你答應我一件事！」。我輕佻的

里昂對我而言就是菲利普先生的同義字。迄今，仍記得我們初次相逢的點點滴滴，雖然前後不過一個多星期，卻由於是初次歐遊，一切是那麼新鮮、深刻。我尤其喜歡在舊城區山頭那方的巷子漫遊，總覺得裡面隱藏著一個有待發掘的驚喜。

DES
CHAZEAUX

回答：「一萬件都答應！」還來不及洗耳恭聽，滿臉通紅的菲利普扒著車窗突兀喊出：

「答應我，你會再回來！」

我大笑的回答：「我當然要回來啊！有你在這，里昂就是我的家！你會不讓我回家嗎？」在我還來不及多說兩句時，菲利普卻一個轉身，雙手捂著臉，快速地跑出了月台。獨留一臉錯愕的我，連再見也來不及說的愣在自己座位上。

後來，我如約前往里昂，不過那是數年後我客居美國時，因接獲許多歐洲遺跡採訪書寫工作，才得以實現。而菲利普先生工作依舊忙碌，他除了花更多時間往貧窮的國家義診，更與好友們四處旅行。

只要來到法國，我一定會在他那小住幾天。而早些年，大教堂裡，那幾位原要接待我的僧侶神父們，卻因為理念難以維持，也解散前往他處，菲利普先生更成為我在里昂唯一的依靠。有時我抵達里昂，若他在外地來不及趕回或仍在上班，他一定會將鑰匙交給樓下隔壁麵包店老闆，囑咐我自行開門，他更會在冰箱上留下紙條，告訴我怎麼找東西吃。當我多次前來且認識他的朋友群後，我益發覺得里昂比花都巴黎還要迷人，更讓我在繁雜的歐陸採訪工作之餘，有回家的感覺。

美麗的聖迪濟耶大教堂有我許多回憶。我經由教堂神父安排，住進了菲利普先生家。美麗、悠久歷史的建築，帶給人一種無與倫比的安全感。大教堂風采依舊，菲利普先生卻去到另一個世界。

工作緣由，幾年之間，我像候鳥般的來來去去。有時，我無法在里昂停留，我們就約在火車站，趁轉車時間見面。有回，我自南部尼斯上來，在里昂轉車前往西北部的南錫，由於只有兩個小時空檔，我們就在火車站裡的小酒館，天南地北的聊了一會，再獨自跳上往東行的列車。

我本以為這樣的日子可以天經地義的保持下去，然而人生永遠有新的課題。在我發生幾乎要我半條命的情變時，菲利普卻染上了憂鬱症。然而他仍打起精神的開車帶我前往普羅旺斯，執行已嚴重延宕的工作。後來，我從情變中逐步復原，菲利普卻得到了更可怕的皮膚癌，一種相當惡性的黑色素瘤。而這一切竟是在我最後一次與他相聚時才得知。

臨別前兩夜，在我即將入眠時，隱約聽到樓下菲利普啜泣聲。我不放心的披衣下床，擔心他的憂鬱症又犯了。然而，他卻抽抽噎噎的說他的皮膚癌復發了。

由於東方人甚少得到黑色素瘤，我以為這只是類似將痣除掉，一種容易處理的表層癌症。我不以為憂，樂觀的安慰他。然而身為醫生的他，絕對知道這癌症的可怖。他的復發，等於是被宣告大限之日不遠。但菲利普全然沒有對我說明，我還開玩笑地對他說，「你不能死喔！若要死，可先得把抽獎得來的ＬＶ行李箱給我。」未料，他竟然一點也不生氣，抽泣的說，我最好現在就將它拿走。我正襟危坐起來，慎重地對他說，請他好好養病。若需要我，我一通電話就到。然而菲利普先生並不是那種會麻煩別人的人。

第二天，他像沒事般的帶我四處逛，甚至帶我去他兒時成長的地方。最後一站，我們來到位於山丘上，可以俯瞰整個舊城區的富維耶大教堂（Basilica of Notre-Dame de Fourvière，里昂的地標)。在教堂不遠處,一處潔白的圍牆外,他淘氣地對我說,「爬上去,圍牆後的風景非常漂亮。」由於牆有一個人高,我怎麼跳也看不見牆外的風景。

最後他拖著我的腳往上爬,才一扒上牆頂,我卻失聲尖叫!原來高牆後頭是片龐大的墓園。我嚇了一大跳的責問他,幹嘛費那麼大力氣,要我看這一處陰森森,滿是雕像、墓碑的鬼地方。他帶著笑容說,要我看看他家族的墓園,因為將來,他也會長眠於此,要我看清楚,免得未來找不到他。

我一直未把這事當成告別的訊號,甚至覺得在這節骨眼,他還有心情開玩笑?

返回美國不久,我的母親意外檢查出罹患腎臟癌,這對我們兄姐弟來說簡直是晴天霹靂。我打電話關心菲利普,卻不敢提母親生病的事,而他總樂觀地對我說,他的疾病已在控制中,教我不要擔心。

春去秋來,由於心繫母親的治療,我只有暗自禱告菲利普能好好照顧自己,渡過難關。就在母親治療告一段落後,我才發現很久沒有菲利普的消息。於是我託法國友人打電話給他,依然只聽到「請留言」,無人回應。

我再也忍不住地打電話給住在里昂近郊的美娟妹妹一家人,託她為我去找人。我告訴她菲利普鄰居J就住在樓上,請他們去按電鈴,問看看到底怎麼回事?

美娟的丈夫葛馬丁先生卻憑著一張菲利普為他檢查眼睛的收據,打聽出所有的消息。

原來與菲利普最後一次相聚時，馬丁與美娟夫婦一同前來。與菲利普閒談時，馬丁提到要換駕照卻還得檢查眼睛，很是麻煩。菲利普二話不說，將我們一夥人載往他任職的醫院。他除了為馬丁檢查眼睛，開立證明，也為我們一一檢查視力，更堅持不收馬丁費用。憑著收據上醫院的電話，馬丁才得知菲利普已於春末過世。

馬丁依著我的指示找到了在博物館修復名畫的鄰居Ｊ，在馬丁表明來意後，Ｊ釋懷的說，在菲利普病危時，由於我的留言沒有回撥號碼，所以一直無法聯絡我。Ｊ很欣慰尼古拉斯終於接到通知了。她更對馬丁敘述菲利普最後的時光。

Ｊ說菲利普的治療起先反應不錯，但在藥力失效後，病情急轉直下。在醫院撐了一段時間後，有天，菲利普對Ｊ說，他準備好了，是離開的時候了，就未再醒來。馬丁轉述Ｊ的話說，菲利普走得很安詳。他的追思彌撒，就是在我與他初識的聖迪濟耶大教堂舉行。人緣極好的他有很多人來送行，也算是圓滿安慰。

我在異國遠方，得知這消息，腦袋一片空白。我想起在他電話答錄機上留了那麼多輕佻留言。甚至開玩笑地說，他此刻究竟在何處逍遙，竟連電話也不回？然而，他卻不想打擾別人，孤零零的在醫院與病魔作戰，直到離世！

菲利普走後，我再也不想到里昂來，就連位於里昂近郊，當年也是菲利普送我過去的拉圖雷特修道院來信邀我前去任駐院藝術家時，我也不為所動。我無法面對沒有菲利普的里昂，我根本無力走過聖迪濟耶大教堂和那再熟悉不過的街道。我鄉愿的以為，只要不碰觸，菲利普就仍

聖迪濟耶大教堂裡有許多動人的藝術品。這些美麗藝術帶給信徒許多情感上的移情作用。端詳她們能輕易激起人性中那份對永恆的嚮往。什麼是永恆？是另一個教人著迷的議題。

在里昂，只是我無法前來。

距菲利普逝世六年後，我終於接受拉圖雷特修道院的邀請，前來從事專題創作，然而，我大多待在修院裡，不願到只有幾十分鐘車程的里昂。

有天，美娟妹妹來接我去她家作客，我們聊到了菲利普，連馬丁都說，像菲利普先生這麼好的法國人實在少見。從他們的描述中，我才知道菲利普家族在里昂甚有名望，所以在著名的富維耶大教堂邊才會有家族墓地。

我決定前往菲利普當年要我確認的長眠地，然而美娟卻對我說，若沒人指引，在法國的墓地找人有如海底撈針，勸我打消念頭。

我於黃昏時來到富維耶大教堂的墳地，真如美娟說的，這富有歷史盛名的墓地，有如迷宮。在無從找起時，我找到墓園管理室，一位快下班的管理員恰好聽得懂一點英文。我忐忑的將菲利普的名、姓和逝世時間報給他。他帶著深度近視眼鏡，從電腦螢幕上幫我一一查詢。一會兒後，他問我，菲利普是眼科醫生嗎？我終於鬆口氣，感激萬分的幾乎要握住他的手。他遞給我一張地圖，為我標出了位置，在我還來不及道謝時，他卻站了起來，說要送我過去。

我坐上了管理園區的小車子，這才發現，就是有地圖，我依然會迷路，原來這歷史悠久的墓園，七繞、八轉，複雜得可以。也難怪菲利普當年會那麼在乎我究竟有沒有看清楚他未來長眠的地點，然而那時的我，根本不想討論這話題。

歐陸每一座大教堂都有點蠟燭的地方，生者在這為活著的人祈禱，更為逝者祝禱。聖迪濟耶大教堂有許多逝者長眠於此。一九九一年秋，我初來此時，從未料到有天我會在同一地點憑弔菲利普先生。

我們來到方圓不大的菲利普家族墓地。原來是個三坪不到、有柵欄圍住的小園子。縱然一人高的石碑上有菲利普家族姓氏，我仍不確定這是否真是菲利普長眠的地點？管理員這時蹲下來，手指著石碑下最後一行字，我終於發現了菲利普（Philippe Corat, 1941-2003）的名字和他的出生年月日。而在他的名字上，依過世順序起碼還排了數十人。原來未達天年的菲利普在家族墓園裡，只是個墊底的新鮮人。

這只有水泥板覆蓋的墓地，單調得近乎荒謬。管理員卻說，法國家族墓園就是這樣，每當有人過世，地上的水泥板就會再打開。棺木會被繩子吊起，垂直放到底下。

「這一層接一層的棺木化得掉嗎？」我不解的問。

「不要多久就變成灰了。」管理員很有經驗的回答。

「你要我等你嗎？」已過下班時間的管理員問我。

「不用，但我可以繼續待在這裡嗎？」

「當然可以！墓園大門，只要關上，只能出不能進，你打開門出去後再關上即可。」

我蹲了下來，趴在菲利普長眠的石板上。

「菲利普，你真是會惡作劇喔，這鬼地方我怎麼找得著啊？但你瞧！我還是把你找到了。」

我略帶感傷地問：「你現在在哪，過得快樂嗎？」

秋日向晚的墓園，靜悄悄地了無音息。菲利普先生真的不見了。

後來，我沒再回去探望他的長眠地，卻來到聖迪濟耶大教堂。年輕的本堂神父得知我是菲

這是菲利普先生的家族墓園，他長眠所在。若不是有人帶領，很難找到。我在這方圓不大的地方對菲利普祈祝，希望有天能在另一個世界相逢。

菲利普先生的家族墓園石碑上依序寫著逝去的親人，位於最下方的菲利普，在逝者中，只能算是初入土的新鮮人。

利普的故友後熱絡地對我說，菲利普位於轉角處的公寓，在空了兩年後，終於被他的親戚以平價、也算助人的價格賣給了一位經濟不寬裕的教友。我開玩笑的對神父說，太可惜了！他還欠我一個ＬＶ包，不然我可以回去拿呢。我們很有默契的淒然一笑。神父說Ｊ還住在那，問我要不要去打聲招呼？

我走出教堂，來到菲利普先生的公寓門口，才發現整棟公寓被整修得煥然一新，但裡面那被踩凹的石板階梯可能還是原樣吧！環顧四周，我發現街角的麵包店還在。恍惚間，我竟有種只要去那拿鑰匙，就能再見到菲利普的錯覺。我在樓底下，看著他的公寓窗戶。我記得我們常在窗邊喝葡萄酒聊藝術，俯瞰街上來往的行人，而今那相當老舊的窗台卻被漆得煥然一新，新穎的窗簾在風中飄搖。

我始終沒去打擾Ｊ。

就在我準備按下Ｊ的電鈴時，突然想起，菲利普不喜歡說再見。我仍記得，初次相識，他送我到車站時，就沒給我說再見的機會。我不想與Ｊ討論有關菲利普逝去的種種。我想有天與菲利普相見時，再對他說，他跑得真快！害我當年在車上錯愕難過了好久。

「答應我一件事！」想起初次離別，菲利普在月台上的壓抑表情。

「一萬件都答應你！」我不正經的回答。

「你會再回來！」他竭盡所能的迸出了這句話。

我在菲利普的公寓底下，肯定的回答：「菲利普，你等我。我一定回來！」

位於山頭上的富維耶大教堂是里昂的地標，這座建於十九世紀，風格怪異的大教堂深得菲利普喜愛，他覺得熱鬧內觀像極了金碧輝煌的好萊塢劇場。菲利普很喜愛我所拍的這張照片，為此，他曾拿著有這張影像的出版品向教堂當局兜售。未料，嚴禁攝影的教堂當局，卻將菲利普先生逮個正著。菲利普尷尬不已的說，在他離開前，教堂當局卻說這照片實在太好了，可否借他們使用？

大表哥

大表哥在他五十四歲那年，以非常手法結束了自己的生命。

得知他死訊的那個清晨，近似荒謬，彼時我甫自威尼斯拍照歸來，正準備在奧國友人家好好休息。一夜好眠後，打開電子信箱，竟看到大陸老家表姪的電郵：

「五表伯，您好！在這告訴你一個悲傷的消息。李偉大表伯昨日過世，爺爺很悲傷，已趕去天津，請節哀。

侄中凱」

我只拍過大表哥這麼一張照片。他永遠在我心裡，這應比具象照片還重要。短短幾十年，海峽兩岸變化劇烈，我歷經很多苦難的大表哥也被快速轉動中的時代巨輪輾的無影無蹤。

不過深秋，窗外的阿爾卑斯山脈卻已被白雪覆蓋，太陽雖仍在山的背後，天地卻已一片明亮。看著冒煙的咖啡，我只覺得那電子郵件像是封來路不明的惡作劇病毒，一個不真實的夢境。

我打電話到天津鄉下找表妹，表妹大學畢業的女兒接了電話，卻什麼也不講，只說她爸媽已趕往天津，勸我不要悲傷，待她媽媽回來再告訴我詳情。

按捺不住的我，換了方式問話：

「你既然不願多講，那換我來問問題，你只要回答，是、不是就行！」

「好吧！」一個深呼吸聲自電話那頭傳來。

「大表伯不是自然死亡吧？」

「不是！」那回應就像幽暗井底傳來的回聲。

「上吊走的？」

「是！」

「那我掛電話了，你們要多保重，過兩天我再打電話來。」

我走出了房間，故意站在冰冷的陽台上，讓自己的頭腦清醒點，我很想理出個頭緒，但心底卻被莫名情緒籠罩，看著前方被晨光渲染的山脈，我竟狠狠說出：「大表哥你有本事死，為什麼沒勇氣活？」

我在一個他無從想像的異國遠方，想著他的死亡，心裡卻飄回到二十多年前我們初識的情景，他是我的親表哥，我竟用「初識」字眼，是來自被消費得差不多的海峽兩岸悲劇。

一九八八年，我初次陪母親返回天津鄉下探親，去看母親的母親，我的姥姥。然而那時「姥姥」對我只是個名詞，與我沒有任何情感關聯。我仍記得，母親一到老家，竟不顧圍觀的陌生人，舉止近乎粗魯，硬將他們推開的進屋去。當母親一看到炕上的老婦人，竟發狂似的號啕大哭……我在那個狹仄房間裡，見到一群哭聲震天的陌生人。惶惑間，糊裡糊塗的問了母親：「那人真是妳媽嗎？」母親幾乎哭岔氣的抬頭對我說：「是我媽！是你姥姥沒錯！」

在那當下，別說誰是姥姥？什麼是舅舅、舅媽、阿姨、姑姑，我毫無概念！在台灣長大的我，上一代唯一的親人就是父母親，我們幾個孩子從無叔、舅、姑、姨、嬸這些倫理觀念。自小，我們問到爸、媽家人，總這樣開始：

「媽，你爸爸是做什麼的？你媽呢？」

「那你哥、你弟呢……」

對我們而言，他們是爸媽的家人，與我們全無關係。直到母親與姥姥相認那一刻，我才明白，原來在這個陌生族群裡，我竟然有個位置。

返鄉頭幾天，我連自己是某某人的誰？既不知道也搞不清楚。母親不只一次向親友抱歉，台灣長大的孩子，對親疏遠近關係全然不懂。

然而我卻看見一位長得極帥，完全不是鄉下人穿著，比我還高半個頭的青年，人前人後的忙個不停，他親切地管我母親喊「大姑」，母親也似乎對他另眼相待，更對我說，他是表哥，是這家的長孫，我應喊他大表哥。然而我卻先問母親：「什麼是大姑啊？」母親摟著我說，大表哥的父親是她的大哥，是我的大舅。由於媽媽還有妹妹，為此，大舅的孩子管她叫大姑。

戶口在城裡，大表哥不似鄉下其他表兄弟，天天得下地幹活。由於上班的國家工廠歇業，大表哥在母親探親期間，順理成章的待在老家，陪伴母親。大多時間，他更成了我的保鏢，每天被我纏著不放。每當我去拍照，他總幫我背相機、扛腳架。我後來從母親那得知，她的大哥，我的大舅，死於文革初期。至於大舅媽，大表哥的母親，在革命前已與大舅劃清界線。大舅死後，大舅媽帶著大表姊改嫁，才十一歲的大表哥竟倔強地跟大舅媽說，他姓李，他不要跟過去。為此，大表哥自小就是在姥姥、老爺跟前長大。大舅的弟弟、妹妹更將親大哥唯一的兒子視如己出。

為守住大表哥在城裡的戶口，姥姥還曾陪大表哥在天津城裡那個極小的房子裡，照顧大表哥上學。直到大表哥娶妻獨立後，姥姥才又回到鄉下來。

相聚的頭幾天，我不敢去問大表哥成長的過程？想也知道，有個被冠以「畏罪自殺」的父親，他的「黑五類」身分鐵定讓他吃盡苦頭。有天，在野地拍照時，我隨意問了他一些事，他竟一句話都說不出口，便號啕大哭，窘的我只好摟著他，聽他哭。回到家時，太陽早落入地平線下，讓舅舅們擔心的四處找人。

生命來來往往。一位「北方的小孩」如泥鰍般地鑽進了夕陽如火的房舍中，他那烏溜溜的雙眼對周遭一切充滿好奇。這攝於二十多年前的照片牢牢凍結住小孩的身影。時間從不等人，這素昧平生的小朋友此刻早已成年。當年，橫在他前面的是龐大的未知？四分之一世紀歲月中，我們又為他們成就了什麼樣的憧憬未來？

在老家期間，我是很占大表哥便宜的，我想吃什麼，他會費勁地幫我弄來，在我無法上鄉下廁所時，他更會陪我到野地裡，為我把風的讓我解決大號問題。

有回，我們騎腳踏車到鄰近村落拍照，回程時，由於逆風又天寒地凍，腳踏車寸步難行，我撒潑的將車一扔，對大表哥生氣的說，這落後鬼地方，連個車都搭不著。大表哥卻一句話也不說的以草繩把我的車頭繫在他車後座，默默的把我一路給馱回家。

我母親不只一次對我說：「就會欺侮你表哥！」我卻像小孩般的摟著表哥的腰說，「怎麼辦？誰叫我從小沒表哥，不欺侮你，欺侮誰？」

我表哥對我真好，每晚，他都先把被子給臥暖了，再讓我上炕，我就挨著他睡，跟他胡扯。每當他對我的渺小成就尊敬有加時，我卻騎在他身上搔他養的玩成一團。

雖然結了婚，又有了個集三千寵愛於一身的兒子，大表哥仍非常自卑，非常怕事。我雖不好強，但絕不吃虧，尤其無法忍受他人欺侮，大表哥的懦弱常讓我不耐煩。我仍記得，雖是陪母親探親，但太喜歡白居易的長安城，很想趁短暫探親行，去趟西安。不放心我一個人外出的母親，最後央請大表哥陪我。出發前，大表哥慎重的對母親說，外地人很欺生，最好穿著跟當地人一樣。因此，我特地穿上當地人的黑布鞋，連刮鬍刀也忘了帶的由大表哥陪著一路到西安。

夾著台胞當紅年代，大表哥第一次有機會沾帶特權坐軟臥，搭乘長途火車。同行車廂中，住著兩個來中國旅行的法國佬，那可是大表哥第一次有機會看見書本所形容的洋鬼子。

抵達西安已是第二天深夜，出得車站，煙雨濛濛，很多新興個體戶，上來兜售住宿。我跟一位大爺談了下話，就與他回家。我的大表哥一路上卻擔心不已，他很難想像，這個台灣來的表弟怎會如此信任人？價錢談好，就跟陌生人走了。

抵達住宿地點，我累得只想上床睡覺，大表哥卻怎麼也睡不著，他擔心若有什麼閃失，回到老家可無法跟母親交代。然而他除了擔心，卻什麼事也不會處理。

我最後只好對他說，「我很想聽你的，但你也不知怎麼辦？這麼耗下去，搞不好我們倆今晚就得去喝西北風。」

然而大表哥卻認為，像鄉下人一樣在車站大廳窩一夜，都比自投羅網的陷入陌生地界要好。最後，實在無法讓他安心，我只好自己就寢。

一夜好眠，睜開雙眼後，我才發現大表哥連衣服也沒脫，未闔眼的在我身邊整整坐了一夜。他擔心有人半夜闖進來，他得隨時準備保護我。

我心情沉重的枕在他腿上，慎重的對他說，「我們今晚就換地方住，換個門可以上鎖，有私人衛浴的旅館住。」

在西安友人安排下，我們第二天就住進了公營招待所，然而我一身打扮在風雨泥濘中，已成為不折不扣的當地人，尤其是未刮的鬍子與糾結成一團的頭髮，若不開口說話，已與在地人無異。然而這除了未讓我們享受到便利，反而一路受人欺負；無論到哪，除了不會有人正眼瞧我

近代中國，由於戰亂，要維持一個完整的「家」並不容易。生政治更將家攪得四分五裂。生我養我的母親當年逃難離家時不過十七歲，四十多年後她竟白髮蒼蒼地被我這么兒領了回去，回去看她的母親——我的姥姥。

我們對歷史、政治有很多先入為主的見解，若能試著將自己化為他人處境，或許能衍生出些許包容心。這氣度短期內不能解決問題，但至少能擴大個人的視野。我曾在《老家人》專書中以〈往老家的路上〉為這張照片命名，四分之一世紀後的今天，我只要想起仍是少女的母親，當年在天寒地凍的烽火中逃生，最後又一無所有的硬被她的父親——我的老爺，強行送上船逃難的情景，仍讓我心悸。

歷史的帳不好算，但只要試想：若那逃難的人是我，我又會在千變萬化的歷史長河中如何自處？

們，對我們更是一點也不客氣。

我一路上隨著大表哥忍氣吞聲，在參觀西安碑林時，我的脾氣終於爆發。

原來彼岸當時到處都有持外匯卷外賓才能進入的友誼商店，為顧及大表哥自尊，我雖然想，卻也不願踏進一步。然而在碑林時，我很想買幾幅一般商店沒有的原石碑拓帖，我抓著害怕的大表哥跟我進入友誼商店。出乎意料的，裡面的工作人員，竟抓著我及大表哥往外推。我再也忍不住的對抓著我們的人嘶吼，「你他X的動手拽什麼？你要是會講人話開口請我們出去，我一定不為難你，你動手拽人我就不幹！」大表哥這時早已面如土色，嚇得直跟人道歉。我再也忍不住的把我的台胞證甩在地上，對他們吼，「台胞算不算外賓？你用這方式對人，把你的領導找出來，看我怎麼收拾你？」

大表哥這時卻把我的台胞證撿起來，拚了命的把我往外拽。我的氣沒處發，把一雙布鞋脫下來扔在他面前，對他說都是他害的，出發前非逼我穿上他們的倒帽衣服和這雙我一輩子都不會穿的黑布鞋，害我一路上被人嫌！我如果穿上在香港買的義大利短靴，看我會不會以這雙漂亮靴子踹死這一班混帳！大表哥卻一臉苦笑的直跟我賠不是。

這一翻折騰，讓我玩興盡失，我對大表哥說，我不想玩了，我們回老家吧。

大表哥不懂白居易，然而我心中已了然領悟，「不見長安見塵霧！」西安就是西安，那大唐盛世的長安城終究是詩人筆下的幻影罷了。

第一次探親之旅結束前，大表哥隨舅舅費盡人事張羅來的小汽車，將我與母親送往四個多鐘頭外的北京機場。入關前，我的大表哥很慎重的對我說，他有天也要搭飛機去外地瞧瞧，我心中卻五味雜陳的一句話也說不出來。我這小表弟，屁股拍拍的坐上豪華747客機直飛香港，然後去吃東西、買東西，我的大表哥卻只能孤零零的一個人在老家找些零散的活做。

第二年，我與母親又返鄉探望姥姥，那回我們去的時間很長，經過一年的思索，我決定做一個攝影專題。那回又是大表哥人前人後的陪伴我們，尤其是媽媽更將大表哥視如己出，在母親童年記憶裡，由於弟妹還小，只有對大舅印象最鮮明，母親總記得這個大哥怎麼哄她，如何耐心的將妹妹帶在身邊。大表哥的存在稍稍彌補了母親心中未見著大舅的遺憾。

第二次到訪，我不再對大表哥發飆，也接受了他自卑的性格，但我仍不只一次對母親抱怨，大表哥就是愛哭！然而母親總對我說，我從小有爸媽，不會了解沒媽的孩子有多苦。雖然我從不掩飾好惡，但我深知大表哥很寵我，他不只一次對其他表兄弟說，你看，我們這個小表弟，要唱就唱、要笑就笑，去了世界這麼多地方，卻從未聽他炫耀。不像我們一個表弟讀了個大學，就嫌我們寒蠢地全不把我們放在眼裡。其實大表哥不用這樣誇我，在鄉下老家，我永遠與他形影不離，大表哥更常背著舅舅、母親，帶我去喝酒、吃好東西，我如果喝矇了，為怕被人唸，他更會將我裹嚴實，不被任何人瞧見的把我帶回家。

一九九一年《老家人》攝影專題順利出版，更在台北誠品藝文中心舉行了盛大攝影個展。

展覽完後的現實壓力，加上姥姥的故去，我與對岸也漸行漸遠，然而，那位總呵護著我的大表哥，在我心中一直有個誰也無法替代的位置。

一九九三年，在我赴美前夕，藉著一次公出機會，我與一位編輯特別前往老家鄉下住了一夜。第二天一早，大表哥更護送我們到天津搭軟臥前往上海。隨大表哥前來送行的一位小表弟這時卻與我抬槓。我很難忍受他們那種認命，再不合理都概括承受的宿命，我故意講了些刺激小表弟鄉愿腦袋的言論。我們的離別就被這些話語占滿，上車後，大表哥不知從哪兒拎來了一袋天津鴨梨，原來我跟小表弟吵鬧時，他不知該站哪一邊，一句話也沒說的呆立一旁。火車這時突然動了一下，他趕緊放下水果，什麼話也說不出口的趕緊下車。

隔著車窗，我的眼淚突然像雨水般傾盆而下。我的編輯朋友為我的失態尷尬不已，我抱歉地對他說，別勸我！我哭一下就好。緩和情緒後，我對他說，我那小表弟，在這國度裡根本無法主控自己的命運，我的大表哥從小更沒了爸媽，他們是連個飛機都坐不上的人，我跟他們提哪門子的開創前途啊！

我們此刻去上海，還要去香港，然後我要去美國……我的大表哥一家三口，只能被綁牢在那三坪不到的小屋裡，我真是無聊！

二〇〇三年母親罹癌，我們未向老家通報，直到母親故去，我才硬著頭皮一一打電話通知老家人，我強做冷靜的去承受他們的震驚與哭嚎。

我曾以三年的時間拍、寫陪母親返鄉探親的《老家人》專題。我藉著攝影去探索有如黑洞般的歷史、人倫斷層。我未從政治層面切入，反而從「家」、基本人倫觀點去了解人在那歷史地理環境中呈現的面貌。這單純觀點在錯綜複雜的台灣社會備受考驗。當意識形態輕易左右著人的思想、行為時，我發現要持平、清晰地看清楚一個特定時空中的人、事、物，都不容易。

圖為我另一位務農表哥平日所穿的鞋。平凡的鞋子，卻真切的告訴我「生存不易」。

最後我打電話給大表哥。

「大表哥啊，我是小表弟。」一聽到我的聲音，大表哥高興的跳起來。

「哥，我得跟你講件事，我媽走了！」

「上哪去了？」大表哥不解的問。

「死啦！」我毫不修飾的說。

電話那頭傳來了嚇人的哭聲。「就會哭啊，你！」我沒好氣的說，我跟他解釋母親生病後的一切，也跟他抱歉，沒有跟他們說母親生病的事，因為爸媽是我們幾個孩子在台唯一的親人，母親病了、歿了，這一個小小的、由父母撐起的家垮了一半，我們心情難受，根本無法照應其他人。

兩年後，藉著一次前去大陸的機會，我到天津來看大表哥，我早上到，第二天就得離開，大表哥也從原來蝸居的小房遷到了一棟四層樓公寓裡，然而他因腰部受傷，無法下樓接我。十幾年未見，大表哥一看到我就哭著說，大姑都沒了，我還會來看他，就表示我心中真有他這個表哥。我開玩笑的對他說：「你就會哭，真無聊！你是我哥，我不賴你，賴誰啊？」我一把摟著他，他又哭了。

當晚，表嫂睡客廳，好讓我們兄弟好好聊聊，我看到臥房牆上掛滿了寶劍、大剪刀之類辟邪之物，淘氣地對他說，你在家無法行動就搬弄「封神演義」啊？

大表哥一臉尷尬，欲言又止，我趕緊正襟危坐的問他是不是怕鬼？

原來大表哥的腰傷來自幾年前的一次意外。在鄉下幫舅舅養殖魚塭的大表哥，長年凍在水裡，腰腿本來就不好。有回農閒，老家人窮極無聊地找了個跳大神的人來看他們的前世今生。輪到大表哥時，表哥整個人突然如起乩般的全身劇烈竄動，失去知覺。沒有任何急救概念的老家人，為讓他回神，抱著他的腰，讓他呈弓字狀的上下激烈晃動，他的腰就此受到重傷。

聽完敘述，我非常不以為然的對他說，你們真是吃飽撐著，不事蒼生事鬼神，找這種一身邪氣的人來給你們亂看。表哥卻仍心有餘悸的對我說，那個跳大神的人眼神是如何的駭人，如何的邪惡……

我再也忍不住的對他說，他這是中邪，最後又被人瞎整。

我趕緊將隨身攜帶的玫瑰念珠給他，對他說，把這念珠帶在身上，保證他百邪不侵，我更信誓旦旦要教他唸《天主經》。然而在這救急之時，我心中也不免感嘆，當這個社會逐漸步入小康，甚至富裕後，他的內心又是多麼的不安與空虛？

我不止一次覺得彼岸人心，在多年傷人至極的革命歲月後早出了問題，在這個毫無規範，無法無天的經濟劇烈轉型期間，萬千有思想的人都已難適應，大表哥這無謀生能力、又行動不便的人豈不更困難？

然而只有一個晚上，我怎麼去填補他龐大的恐懼漏洞？怎麼跟他解釋「信仰」不是求神防鬼，而是一種為人處世的信念。我只能一再安慰他，先把腰傷治好，不能走路又犯疼的話，早

天津的鄉下很難再看到有騾馬來往的鄉村小道。四分之一世紀前的攝影卻意外保存了一個時代記憶。鄉間小路，今日已被快速道路穿過。快速發展中，卻也讓人無法停下腳步認真檢視自身環境與時代的記憶。

晚會憂鬱症上身，我甚至對他說，若有必要，我會動用台灣的醫療人脈幫忙。

然而自卑的大表哥向來害怕麻煩別人。

由於他的兒子極孝順，又已成年，更準備娶媳婦，我並未將他的處境放在心上，只在回來後，跟他過年過節時通個電話，從他的言談中，我知道他的媳婦很孝敬他，心中更放心不少。然而世間事總難如意，後來我又聽說他的腰傷手術失敗，整個人更加萎靡，但在電話那頭，他總說自己很好。

時間飛逝，我一個專題又一個專題、一本書接一本書的發表，在自己的天地裡盡情發揮，全然不知大表哥的心境，更不知他的身體究竟帶給他什麼可怕的折磨。此外他的媳婦、兒子那麼孝順，孫子又快要誕生，我甚至想，曾被他銘記在心的不堪歲月終於要成為過去。

但事實全然相反。據說讓他寄望甚高的手術再度失敗後，他整個人變得更加瑟縮，加上行動不便，整天窩在陽光照不到的屋裡，再也不願下樓。童年失怙、慘澹的成長記憶，此刻更如影隨形的啃噬著他的心靈。

在一切往前（錢）看的社會裡，沒有人想再提那段不堪歲月，然而又有多少人能自那錐心刺骨的傷害中復原？

一味追求經濟，人心跟著劇烈變化，曾讓母親魂縈夢牽的老家也不例外。母親最後一次返鄉，給姥姥、老爺上墳時，發現老爺墓碑上的長孫名字由大表哥變成二舅的長子，心情大壞。

當舅舅以忘記、疏忽搪塞時，母親卻非常憤慨，直言這種事豈能隨便。母親故去後，大表哥內心的失落感更是龐大，在他心中，他長年渴望的母愛在大姑來到後終於成真，而大表哥也不止一次的羨慕我，整天可以在母親身邊像小孩般的磨磨蹭蹭。

在奧國時，我給散居在世界各地的兄姐弟打了電話，通報大表哥上吊死了，每個人除了震驚，卻什麼也不能做。日後，從老家傳來的訊息中，我們陸續拼湊出大表哥可能罹患憂鬱症，更有人直言，他的不認命害了他！我心中滿是矛盾，然而我不得不承認，病痛常會把一個人的求生意志擊垮，沒有信仰的他，又如何求得超脫自己的寄託？

我偶爾會想起他來，想起他小時候怎麼被二舅帶領，去偷偷葬他父親的骨灰，怎麼被同學欺侮……我更想他對我的好，想他如何將我這小表弟捧在手掌心般的呵護，然而我也不免抱怨，雖然沒有爸媽，他卻因此得到老爺、姥姥甚至舅舅和二姨更多的愛護，然而這一切可能仍不及我母親一再對我說的：你有媽，不會明白沒媽孩子的苦處……

有人說，人生是來受難、歷劫，以成就一個更好的自我。有信仰的我卻始終無法為他的自絕，找到能自我安慰的解釋，我只能暗自祈禱，就算已不在人世，他的創傷終究能獲得憐憫得以醫治。我不敢奢望，但或許有天我們能在另一個時空重逢，他會對我笑，而我也會摟著他說：「不要哭了！你的小表弟不欺侮你！你不要再哭了！」

呂楠

呂楠，是我的朋友，他是今日中國在國際上最負盛名的攝影家，然而他一點都不在乎這個頭銜，就是舉行攝影個展，也不出席。

有回我看到邀請他個展的企畫簡介，羨慕地對他說，這可是求之不得的大事，他卻認真的對我說：「要不，你代我去，反正他們出機票，又供吃、供住和旅遊。」

這就是呂楠，視名利如洪水猛獸，任何能為他錦上添花的場合，全部敬謝不敏。

這麼一位傑出的攝影家，我們只見過三次面，前後相距二十年。

呂楠從不怕去端詳人的處境。《被遺忘的人》是他的第一個創作題目。他不似一般攝影師只看到聳動的表象，而是看到生而為人的悲哀。我曾對他說美國攝影大師理察．亞維登（Richard Avedon, 1923-2004）也拍過這題目。他影像中的人只是穿得比較乾淨，環境整潔，但一樣呈現出精神病患的無奈。我曾形容這張影像為中國的Pieta（註1）。在那簡陋不堪的房間裡的人物，仍彰顯著血濃於水的人倫情感。（圖片提供／呂楠）

1：義大利文。聖母抱著死亡基督於膝上的意思

一九九〇年初，我從歐洲前來美國，帶著剛出版的《老家人》攝影文集，沿途投石問路，探詢是否有出版與展覽的機會。

我來到紐約以出版攝影書籍聞名的《光圈雜誌社》（*Aperture*）。在當期雜誌上，我看到一篇教人震撼的攝影專題。那是篇以大陸精神病患為題的報導。我仔細閱讀文字，發現作者是位來自中國，名叫LU NAN的攝影家。我詳讀攝影師資料，竟發現這傢伙比我還小兩歲。我盤算他的出生年代，判定他未出過洋，應是在閉鎖彼岸土生土長的攝影師。但令我不解的是，這篇動人心弦，甚至相當震撼的影像專題，卻有著濃厚的西方基督教精神。

影像中，那些精神異常的人，在極端惡劣的生活環境中，仍顯現出清晰及令人無法直視的生命實像。雖然雜誌以一種類似批判、控訴的角度呈現這些病患所處的環境，但攝影家卻穿過表象，直指生命悲哀——一種猶如上帝造人後，卻又將他們逐出樂園的絕罰。

我立即買下這本雜誌且將這位令我吃味的攝影師銘記在心。

一年多後，我在北京與當時三聯書店的總經理董秀玉大姐聊天時，提到曾在紐約一本著名的雜誌上，看過一位大陸攝影師的精神病患專題，這些作品，絕對可讓這位攝影師輕易走向全世界。當我說出「呂楠」時，董大姐驚訝的說，他此刻就在北京，只是她不敢相信，他是否真如我所說的如此偉大？

第二天，呂楠在董大姐邀約下，來到我下榻的五星級飯店。身材與我相當的呂楠，在飯店與我們喝咖啡時，非常靦腆不自在，看得出來，這不是他習慣出現的地點。董大姐在介紹我們認識後，隨即離去。我要求呂楠帶我去他的工作室，我很想看他的作品。呂楠卻害羞地說，他除了在壅塞的胡同裡有間棲身小房，什麼也沒有。

來到呂楠逼仄的住處，我把出版有段時間，以拍攝母親天津老家為題的攝影文集請他過目，我如學生交作業很在乎老師的反應般，只見他慢慢地、一張張影像細細閱讀。最後，他說出了：「不錯！」我忐忑的心才安定下來。趁他在閱覽我的書時，我偷偷地將他的房間，尤其是書架瀏覽了一遍，我發現上面有許多譯自國外論述西方宗教的書籍，有限的古典CD中更多半是宗教曲目。

我對他表明，我多麼瘋狂他的《被遺忘的人》（精神病院）攝影專題。我很好奇，此刻他打算或已開始從事什麼新專題？呂楠不加思索的回答，他正在嘗試拍攝大陸的天主教徒。我立時尖叫！我就知道他會往這條路走。

我從他拍的《被遺忘的人》專題中，已看到那種深刻、有別於中國傳統文化的基督思想：一種穿越層層表象，讓人們可以不預設立場，不立即找到解答，而先直視那人存在的核心精神。從呂楠影像中那些命運乖舛的人們臉上、身上，我們看到了自己。

我尤其喜歡那張兩兄弟的照片。畫面中，有精神疾病的弟弟，無言卻信任的依偎在同樣有精神問題的兄長大腿上，那悲哀處境卻被一種濃得化不開的人倫情感所包圍，坐在病床邊的兩兄弟，簡直是中國的Pieta。另外有張沒有手指的人物特寫，像極了受難基督的特寫，那一張張在污穢不堪處境中的人物，是聖經中受難宗徒的翻版。

呂楠要拍攝天主教徒，我心中卻大聲抗議說，這是我的題目，不可以拍！從《老家人》專題後，我就動過拍攝大陸天主教徒的念頭，我總為那群在高壓統治下，仍不計代價維護自己信仰的教徒感到好奇。然而，我雖起了心、動了念，卻未付出執行。事實上，在《老家人》攝影文集出版後，我內心非常不平衡。我急欲深入的創作已與這社會取向背道而馳。我為此有了平生第一次中年危機，更墜入一個不被看好的情網。為答覆這情感，我毅然決定離開生長地，投入另一個陌生世界。

在呂楠陪伴下，我心事重重的來到北京車站，準備搭乘火車前往天津拜訪位於鄉下的舅舅。我要到美國，呂楠一點也不羨慕。而我對他敘述的「深造」理由，連我自己也說不過去。我甚至覺得，上帝讓我們這兩個風馬牛不相及的年輕人此時碰頭，十足諷刺。

不貧窮的我已向日趨浮華的資本主義繳械，而一無所有的呂楠卻全然不關心自己的未來，仍刻苦的藉著攝影，划進更深的人文探索。兩相比照，我彷佛覺得上帝似乎有意藉此教訓我，或給我一個剎車警告，而我也從未對呂楠說，我要去答覆的愛情一點也不獲得這教會的認可。

就在我耽溺於自己情緒中時，一個靈感閃過！我抓著呂楠的臂膀對他說，「我不知道為什麼我們會相見？但既然我已不拍這個專題，那請無論如何為我們拍出來！」我激動地說，從現在開始，他不用再擔心底片來源。我在去美國之前，會幫他找贊助。縱然呂楠一再推遲，我卻再

呂楠鏡頭下的人是有溫度的。他藉著鏡頭讓他們說他們自己。那一張被停格的畫面雖讓人不忍卒睹，卻將那人的靈魂清晰呈現，直接撞擊到每一個觀看者的心靈深處。（圖片提供／呂楠）

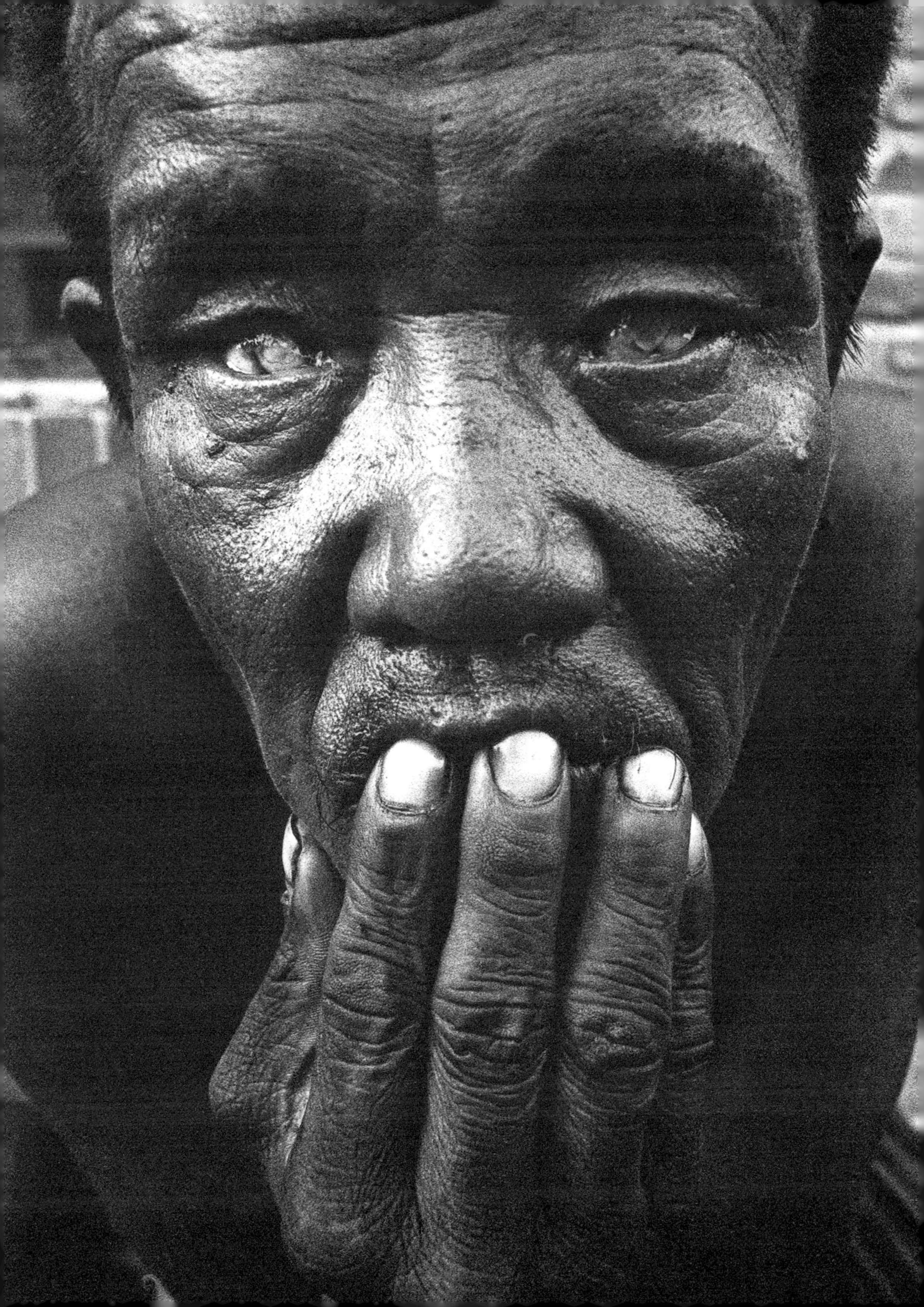

三言明，我在為自己做事，他不欠我任何人情。

回到台北。我找到與我私交甚篤，彼時在北投柯達公司任職的侍介林經理。我對侍大哥說明呂楠的處境與他所要從事的專題，侍大哥如當年贊助《老家人》底片一般，立刻答應下來。我更從天主教輔仁大學，為呂楠找了筆贊助。我單純的信念是：西方教會從古至今，就是藝術贊助者，非教徒的呂楠，要從事這麼一個專題，台灣的教會豈能缺席？

由於要去國外生活，我特別寫信給呂楠說一切安排妥當，請他放心拍照。我更請他小心，不管遇到任何事，都要往大處著眼。我更在信中陳明：為了不給他添麻煩，就此別過。他可以找到我，但我不會再與他聯繫。

我在美國開始新生活，但常想起呂楠。當我開始從事碩士專題《花》的拍攝時，我常感疑惑，我是不是已墮落得不敢再去觸碰更具挑戰性的人文專題？尤其是長期關注我攝影生涯的日本柯達經理、後來更成為我日本兄長的佐藤佳晴先生更直言：你應該回去拍「人」，而不是這種美極了的風花雪月題材。

距離與呂楠初次相見，七個年頭過去了。上世紀末某夜，父親自台北打電話說有位「李小明」先生為我寄了本攝影集，我雖不認識這個人，仍請父親將攝影集寄到美國。

十天後，我接到父親寄來的攝影集《在路上——中國的天主教》，攝影李小明。我立時覺知，這是呂楠的作品，他將專題完成了。更令人訝異的是，他竟用假名發表。

我在美西家中展讀這一張張都是經典的攝影集，卻也反思：我的藝術創作究竟是更上一層樓，還是走上邪路？雖然我憑著幾個專題贏得不少大獎，甚至在華府參議院和德國的LEICA藝郎舉行個展，但我卻日漸感到，這好像不是我要追求的攝影初衷。然而在一個既定模式中，我也說不上來自己究竟想要什麼？

我去信給出版社探詢呂楠近況，然而他已前往西藏從事新的專題拍攝，音訊斷絕。這就是呂楠，絕不利用已成氣候的藝術成就圖利自己，反而投入另一個更具挑戰的創作。單以攝影而言，他已是西方著名的馬格蘭通訊社亟欲網羅的會員。縱然世界著名的攝影雜誌爭相報導他的專題，他卻不為所動，反而走入人煙罕至，音訊全然不通的西藏內陸。

往後數年，日本及台灣兩位近似兄長的柯達經理相繼退休，我的生活也發生了重大變化。我當年全身投入的愛情，最後卻遭背叛收場。我身心俱創的遷到美東，遠離那傷心地。之後網路興起，數位橫行，我已上軌道的自由撰稿生涯，隨著工作多年的出版社無預警倒閉，嘎然而止。

二〇〇八年春天，我收到當年贊助呂楠攝影的一位神父寄來的網路連結。我點選閱讀，才知道他此刻正在廣州美術館舉行《人類三部曲》攝影個展，原來他把西藏也完成了。我在那媒體連結的讀者欄上留言：可否為我聯絡他？

然而正如所料，那簡單的留言，如石沉大海般了無回應。我不免懷疑，如此有成就的呂楠可能早已將我遺忘。

二〇一〇年春日，我在蝸居小窩書寫《逐光獵影》。我仍記得受邀前，與同是好友的編輯直言：我是過氣攝影師，自身難保，寫這種工具書，簡直像對攝影有憧憬的讀者販賣鴉片。我的書寫相當不順利。

某個深夜，我打開電子信箱，赫然發現一封署名「來自呂楠」的電郵。我深受震撼，這會是呂楠？是我曾想聯絡卻了無音訊的呂楠嗎？

我打開了信件：

亲爱的小五哥：

前两天有朋友从南方周末的网站发现你的联络方式，并把它转给我。

真高兴能同你联络上。十多年前我给你在台北的家打过电话，接电话的人好像不知道你，我想你可能搬家了。没想到今天竟然能以这种想不到的方式知道你的联络地址，真是神。

《在路上——中国的天主教》的拍摄得到你那么多的珍贵帮助，让我一直非常感激。如果没有你无私的鼎力相助，天主教的拍摄很可能会半途而废。真的非常感谢你。

人是什麼？一直是呂楠關注的主題。這幅在西藏農村拍攝的祖孫肖像，老人和他孫女臉上閃耀著動人的光輝。在大時代長河裡，他們微小的有若浮萍。然而這些名不見經傳的小人物，在呂楠沒有意識型態的鏡頭裡卻是那麼的高貴、深刻，教人無法漠視，也無法忘懷。（圖片提供／呂楠）

你现在在哪里？近况如何？期待你的讯息。

祝好！

吕楠

我幾乎要昏倒的讀完這封信，更讓我訝異的是，我竟然在呂楠的《在路上——中國的天主教》拍攝上扮演了一個重要角色。讀完信，我立時下跪祈禱。感謝天主，像我這樣自以為是，什麼大事也沒做過的人，竟能在一位偉大攝影家的創作生涯中，扮演了臨門一腳角色。我當年的舉手之勞，卻被呂楠銘記在心。

第二天醒來，我以呂楠電郵來的電話號碼，打電話給他。電話接通，報了姓名後，呂楠第一句話竟是：「小五哥，我找你找的好苦啊！」呂楠沉穩地繼續說：「若沒有小五哥當年的幫忙，《在路上》這個題目早就放棄，更不會有後來的西藏《四季》。」

我們那天用網路電話聊了快八個小時，若不是膀胱要漲破，可能還會聊下去。掛斷前，我得知他要來美國開展，竭誠歡迎他來我華府住處住幾天。此外，呂楠也很想參觀美國的修道院。有了我的地址，呂楠竟在第二天以昂貴的聯邦快遞，寄上最新出版的四本攝影集。我翻著那如生命之書的大作，一張張動人心弦的照片，深刻的幾乎讓人眼珠跳出來。

在翻到《在路上——中國的天主教》時，我看到呂楠以鉛筆在扉頁上的題字：

小五哥：

我们虽只匆匆见过一面，却在拍摄《在路上——中国的天主教》的初期得到你筹措的几千美金，和几百个胶卷的珍贵又有力的帮助。没有这些帮助，《在路上——中国的天主教》的拍摄会更加艰难。心中一直感恩。有幸结交小五哥是我的福气。

吕楠 二〇一〇年八月十八日

距我們聯繫上四個多月後，呂楠來到美國。我到華盛頓杜勒斯（Dulles）機場接他。我對一位在詢問台做志工的老先生說：這可是中國現今最頂尖的攝影家，第一次踏上美國領土。和善的老人竟站起來給了我們一把巧克力。

呂楠來到我剛遷入的新居，除了電腦桌，家裡沒有任何家具，我們只能席地而談。我發現尊我為兄的呂楠，在聊到某些我喜歡的藝術家時，有很多出乎我意料之外的強烈批評，我百思不得其解？某夜，我突然感悟，立時與他聊起我們話不投機的癥結。

我先陳明自己不見得正確，請他姑且聽之。

我說資本主義社會，尤其是講求自由的美國，因為立足點平等，一個人要出頭，不用踩在別人頭上，更不必以批評別人來自保。只要不犯法，做什麼都可以。我語重心長地說，自己初到美國時，最不習慣的就是這種近似虛無的自由。但也這樣，我才開始聆聽自己，拍攝我向來喜歡，卻未曾在台灣拍攝的「花」。

呂楠攝影視野會從精神病患延伸至大陸的天主教徒，一點也不讓人意外，他對人的精神面一直充滿好奇，就是在極其污穢的病院裡，他一樣能看到那潛藏在他們心靈深處，一種不好解釋的特質。

有人以「上帝的面容」來形容這些面向。然而在政經劇變的社會環境裡，他鏡頭中的小人物，卻一直透露著無可侵犯、獨立於世的高貴精神。一位農村老人相信肉身之復活，靈魂永生，在這個曾經高壓，卻演變為物欲橫流、精神傾頹的社會裡，如暮鼓晨鐘般的發人深省。（圖片提供／呂楠）

我更說，他的作品自己會說話，不用再費力解釋如何與眾不同，因為那除了不能為作品加分，反而會破壞它的藝術性。出乎意料的，呂楠竟把我的話聽進去。往後，在與我的朋友相聚時，呂楠除了能敞開心的分享自己，更能瀟灑的談他拍照的心得與發現。

有次，我們去紐澤西一處破例為我們開放的女隱修院時，我更成了他的代言人。極少見外賓的修女們如欣賞大師作品般的從投影螢幕上端詳呂楠的攝影。除非碰上私人問題，修女的提問，全由我代答。會後，呂楠問我，為什麼有個問題修女笑得特別開心？我說，因為我對修女說，你如此信任我，我把你賣了，你都會幫我數鈔票。

十天相聚，呂楠在紐約與計畫出他專輯的著名出版商見面後，就得返回北京。臨行前，我對他坦白，在他來之前，我曾小器反省：我是不是當年那個已步入歧途，與社會妥協的墮落攝影師？直到相聚，我更明白，非教徒的呂楠，當年要比自小就是教徒的我，更適合拍攝大陸的天主教專題。他未帶任何意識形態的好奇與感動，反而讓他更精準客觀的去凝視主題人物，更恢宏深刻地呈現上帝的子民。

呂楠從精神病患及天主教徒身上看到那不可摧毀的人性特質。這樣的視野，讓他後來進入更偏僻、更無法被聯絡到的西藏，藉著藏族農民表達生命的四季，且一待好幾年，一點也不讓人意外。

世界變得很快，大陸更是如此。然而呂楠的作品，卻總能看到永恆的生命力。難怪他那麼看不起名利，我從他那一幅幅不見經傳的肖像中，幾乎體會到聖經創世紀，上帝以自己形像造人的比喻。而那正是現今中國，甚至台灣最缺乏的生命視野。

《在路上——中國的天主教》有幅作品：一位老先生手捧著聖經，背後是他的棺材。這位名叫李湖，高齡已八十一歲的老人，在七十六歲那年為自己造了口棺材。老先生說：「棺材裝的是他臭肉身小屋，靈魂交給天主。」他身後棺材上寫著：「我信肉身之復活」。照片無法拍到的棺材另一側寫著：「我信靈魂之永生」。那隱而不見的字句恰是所有藝術家最深的追尋。

由呂楠的影像中，我們總能從惡劣、萬般不堪的生存環境裡，看到生命的深度與熱度。在西藏的《四季》中，有幅祖孫肖像，那眼睛幾乎全盲的老人在家徒四壁的屋內與他的孫女相依偎，房裡僅有的燭光，卻讓祖孫臉龐發出鑽石般的光芒。那濃烈的愛與信任，自然又深刻的反映在這些再平凡不過的小人物身上。那被永恆凍住影像的精神，是天堂的縮影，而呂楠總能憑他簡單的攝影構圖，為我們一窺天機。

我與呂楠，在同個文化，卻全然不同體制成長的人，竟在年輕歲月，有過這麼一段全無瑜亮情結的相逢。恰如他的《在路上——中國的天主教》專題，人生是一條看不到盡頭的路。然而在二十多年前，那個做了選擇，已無法回頭的臨界點上，我終於明白，在我自認墮落，往另一條道路前行時，仁慈的天主卻以另一種方式要我成長、更讓我參與了呂楠的攝影。我雖沒有拍攝這個專題，但天主卻賜給我樂見其成的豁達。

在我僅有的人生歲月裡，我將終身感恩，因為那竟是個一點也不亞於呂楠攝影成就的寶貴禮物。

靜山・馬神父

我坐在靜山修院餐廳窗邊，窗外的杜鵑花叢、長青樹，繁茂依舊。這是我在靜山的聖境。

我不是個容易放空、安靜祈禱的人，修院二樓的聖堂，入內就得恪守靜默，除了讓我無法久坐，有時反而讓我不耐，但在這方圓不大的餐廳一隅，卻能讓我靜下心來，尤其是有音樂、咖啡相伴時，我閉塞的心情總像暴雨後的晴空，遼闊靜謐，讓我體會到一種入定般的恬適感。

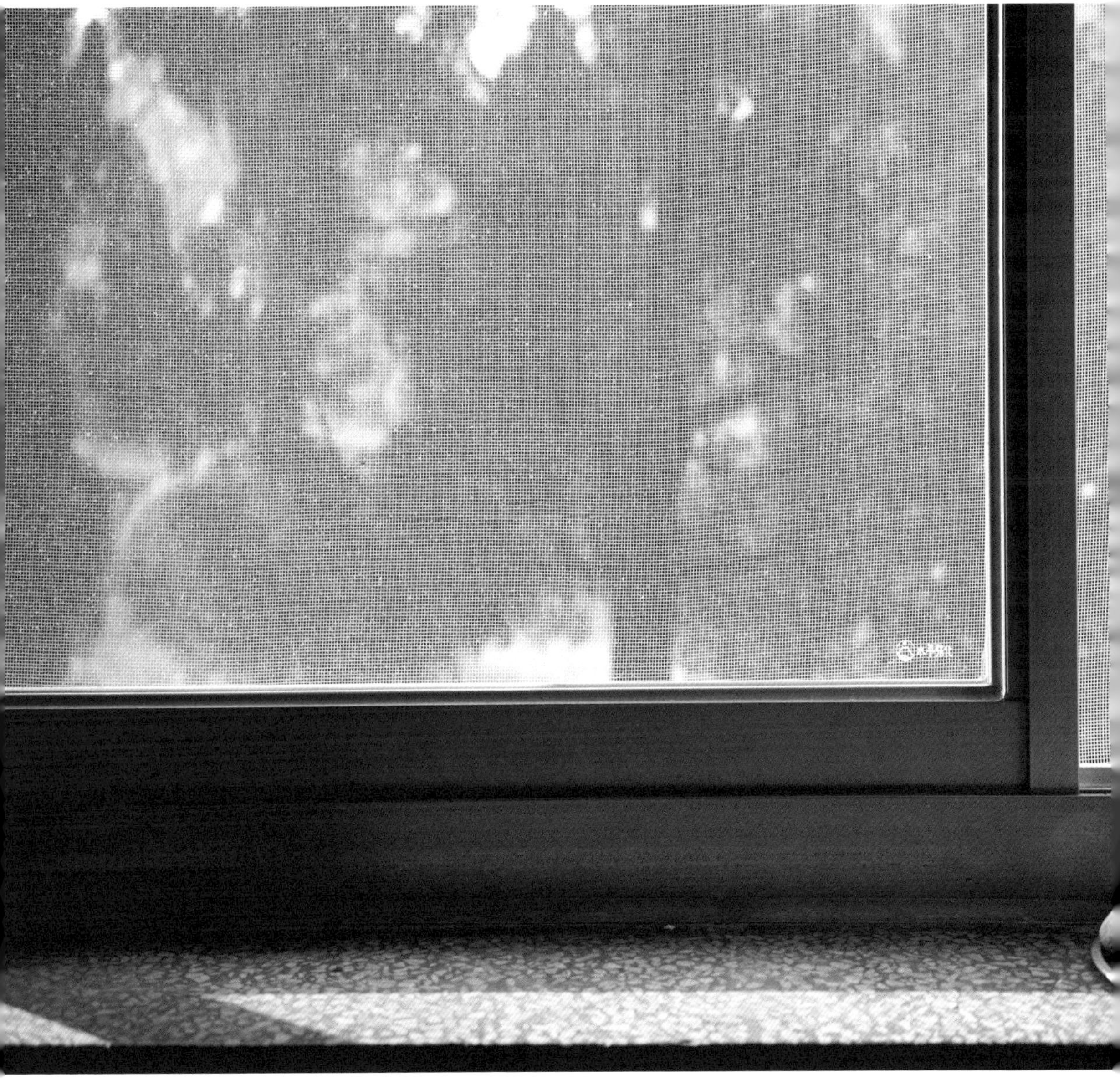

靜山修院小餐廳窗檯是我在靜山的淨界。我常搬把椅子，泡杯咖啡在窗邊坐上好一會兒。窗外樹木青蔥依舊，我卻由二十好幾步入中年，直追上馬神父初見我時的年紀。

然而我是否變得更有智慧？卻是個我從不思考的議題。

但今天可不一樣，就在前夜，我接獲靜山來電，說年事已高的馬神父，白天時給摔了一跤。第二天一早，我放下手邊工作，自南部趕來，在醫院探視完馬神父，趁他做進一步檢查的空檔時，我安步當車的自醫院走向靜山，只為在餐廳這處能讓我放空的位置坐上一會。

然而我的心，怎麼也無法平靜，我不斷自問，若有天馬神父不在了，我會不會再上這兒來？

過去幾十年，每當我面臨龐大衝擊難以自處時，總會想到馬神父，他猶如不倒的精神堡壘，總能讓我立時重整自己，重拾希望。例如年前當我父親在醫院做檢查，卻意外過世後的第三天，我就來到靜山。我涕泗縱橫的與馬神父為父親做追思彌撒，更近乎懺悔地請他幫我減低罪惡感，因為過去幾十年，我與馬神父晤談的時間遠多過與父親相處的時光。

在此靈修重地，我的內心卻如此忐忑矛盾，我絕不願他有天滿身病痛，無法再自理生活，如等死般被遺忘於某處，但有天他真走了，我又有多少把握，堅信我們能在另一個世界重逢，就這個議題，我倒是與馬神父開過一個有趣玩笑。

某年春初，我自國外歸來，到台中發表新書。傍晚，距晚餐不到兩小時空檔，陪伴我的老友問我還想去哪逛逛？我試探的問，能否去趟靜山？這要求很不恰當，首先，從台中到彰化雖相距不遠，卻總有段距離，再者到了靜山，我得與馬神父一起，全然顧不了他。未料，同為教友的好友竟不以為忤，他說那兒有幾位與他熟識卻已長眠的神父，他正可去悼念一番。

日近黃昏，在路上耽誤了不少時間後，我們終於抵達靜山。時間不多，我快速進入修院，找著了理家神父，卻找不到馬神父。時光流逝之際，我從大廳門縫看見馬神父正拄著枴杖，在雨過天青的花園裡散步，我放下朋友，怕嚇到馬神父的從他面前走近他身邊，待他認出我時，滿是驚喜，一臉笑意的說：「啊！你來了。」

我挽著他的臂彎，親密地對他說：「有天，若我們能在天堂相遇，以這句話開頭豈不妙哉！」我們在濕漉漉的庭院裡天南地北的聊了一會，一刻鐘後，我送他進屋，又與朋友趕回台中赴約。

他人眼中的怪異組合

我與馬神父相識近三十年，我步入社會後的人生與他緊密相扣，事實上，我有幾個重大，本欲放棄的創作最終能完成，也與馬神父有關，我深知那潛藏在藝術家腦海中的創作欲望，在無從對應的現實環境中極易變成一個壓垮自己的自我中心。有馬神父這樣的聆聽者，我除了能釐清方向，更找著前進的動力與勇氣。

在外人眼裡，我與馬神父是對怪異組合。前靜山院長、義大利籍的王秉鈞（Rev. Gino PICCA, 1937-）神父有回竟為此提出疑問。

那回我自極有限的時間內，擠出一個晚上來拜訪馬神父，在與馬神父單獨用餐時，胖嘟嘟的王秉鈞神父在外敲門探頭問道，用完餐可否加入我們？我開玩笑的對他說，我只有一個晚上，我要獨享馬神父，他不可來攪局。王神父仍不死心地說，他有瓶可與我們共享的好酒！

飯後，王神父拎著酒及酒杯來到我們身邊，他邊開酒邊認真地問：「我長久以來一直有個疑問，為什麼Mariano（註1）會跟尼古拉斯成為如此契合的朋友？」除了年紀差距，馬神父恪守傳統，沉穩好靜，從不批評時事、環境，而我卻終日聒噪不停，臉上更藏不住好惡，至於那些被馬神父日夜奉行的教會傳統，有時更讓我嗤之以鼻。

「四分之一個世紀前，我初到靜山時，總有人在我背後蜚短流長，當我對自己都不那麼有把握時，你為什麼那麼信任我？」我將王神父的問題轉給馬神父。

「這是個簡單到不用回答的問題！」馬神父喝著葡萄酒，不疾不徐地看著我說：「因為你一開始就很信任我！」

初到靜山

靜山修院座落在彰化市區外一處佔地廣大的丘陵地上，一九六〇年，在天主教歷史中相當有影響力的耶穌會（註2），為培養會士未來重返大陸傳教，在彰化郊區興建了這棟有五層樓高、近百間房的龐大修院。

這座雄踞小山丘上的龐大建築在六〇年代的台灣中部非常醒目，大彰化地區，幾乎可從任何角度看到這座位於山丘上的修道院，尤其是修院頂端的十字架，一到夜晚，大放光明。那如火炬般的光芒，連遠在幾里地外的市區都清晰可見。

1：Mariano Manso，馬神父的西班牙名。

2：十六世紀由聖依納爵．羅耀拉（S. Ignatius de Loyola, 1491-1556）在西班牙建立的天主教男修會。

靜山修院位於彰化市郊。修院建築入口頂端有尊敞開雙手的基督，歡迎信徒到來。在手機、網路成為生活必備裝置前，所有到靜山修院的人得嚴守靜默，使這座修道院成為遠離塵囂，能安靜心靈的化外之境。「靜裡乾坤大，山中日月長」，只要步入靜山就能體會這兩句話的妙趣。

龐大的修院建築在開闊的山林地上，猶如居高臨下的城堡。除了建築主體，修道院庭院廣大，除了有供當年修士們運動的籃球場，更有一片面積不小的墓園。此外，環繞其四周的山丘上更種滿了源自中美洲的咖啡樹（註3）。早年，靜山修院早餐所供應的咖啡，全來自山上的收成，那濃醇、讓人心醉的咖啡，在台灣咖啡走紅的今日，卻因為修院人手不足，再也無法採收，任其自生自滅。

我初到靜山時，正是這座修院最後的黃金時期，那是一九八八年五月，當我舉行完攝影個展後，我自台北的家中寫了封信給靜山的馬神父（請見《海岸山脈的瑞士人卷二》積木文化出版），我與靜山及馬神父的情緣就此開始。

我雖不想再詳述那段過程，但我給馬神父的信件內容卻仍讓我記憶猶新，我在信中直言：「我想為自己的性向在這古老的信仰中找個出路，若神父只會給我陳腔濫調的建議，千萬別浪費我的時間讓我前來。」這近似挑釁的粗魯信函並沒有嚇到與我素昧平生的馬神父。反而在信寄出的兩天後，我就收到了他自靜山寄來的限時掛號信。

中式信籤上只短短一行字：

歡迎到來！我已在靜山等你。

因入會者大減，靜山修院由會士的培育搖籃逐漸改為教友靈修中心，院內更有幾位專司輔導

3：靜山的咖啡由一位當年來自哥倫比亞的修士所栽植。

靜山修院的丘陵上佈滿茂密樹林，其間更有來自南美的咖啡樹。我常在林中小徑漫步，它能吞吐我萬千未曾釋放的情緒，更能讓我超越自身，驚見大自然昂奮的生命力。

的神父長駐於此。我就是從一本天主教通訊出版品上找著了靜山，我如看面相般的仔細閱讀每一位神父姓名，盤算該給哪一位輔導寫信？我不崇洋，但自小學習西洋繪畫，加上昔日一些不愉快經驗，讓我第一時間就不打算尋求本國籍神父協助。從Mariano Manso這名字，我推斷馬神父應該是位外國人。一直到多年後，我才知道馬神父的西班牙名字Mariano，竟有溫和、和煦之意，真是人如其名。

總是聆聽的馬神父

與馬神父初會面時，我二十八歲，而馬神父正步入耳順之年，我們的年紀整整相差三輪。

至今，我仍記得與馬神父共度的一切，有些事不好再細想，例如，夜貓子的我從不能按時起床望彌撒，甚至連早餐也不去。至於安靜默想……算了吧，愛唱歌的我，有時只能到靜山的墓園去吵吵「死人」。

從一見到馬神父我就對他很開放，但這不表示我什麼都跟他講，因為有很多議題我自己都不是那麼清楚。我們的交談常從我批評教會開始，馬神父總是細心聆聽，他不似某些神父往往會強作辯解，甚至被我的言論激怒。而像我這樣冥頑不靈的人，在他不帶批判的聆聽中，除了釐清一些交談方向，更帶給我不少成長與深度自省。

例如一九九〇年，當我從事《老家人》的書寫時，我常趁謀生空檔，帶著仍在進行的文稿到靜山來。直到今天，我仍覺得《老家人》除了是陪母親返鄉探親的專題紀錄，更是個深邃的宗教題目。那時，我一直思考上帝是否存在於任何一個不合理，甚至是難以置信的苦難環境中？

某夜，當我寫到母親的二姨，我的二姨姥姥在自己的丈夫被整死，又被群眾鬥爭，而她唯一獨生子更被罰在一旁觀看，終至精神崩潰時，我再也不能忍受，恣意沉溺在暴怒的情緒裡。我幻想自己是二姨姥姥發狂的兒子，就地拾起能致人於死的兇器，對施虐的人狂烈報復，直到我感到四周都是烈火，覺得殺人、折磨人，甚至雙手沾滿鮮血都不再感到罪惡時，直令我驚駭莫名！

我汗流浹背，幾近失態的敲開馬神父辦公室，質問他，他那該死的上帝那時在幹什麼？祂怎能坐視惡人無端折磨無辜的人而沉默？馬神父花了好一會工夫，理解我的情緒後，不做任何解釋的只陪伴在一旁。記得那夜，當我離開馬神父辦公室時，我幾乎要哭的對他說，最讓我害怕的不是對上帝的憤怒，而是潛伏在我內心那個從未被喚醒的邪惡魔性，我第一次覺得自己這麼可怖。

我不善隱忍自己的情緒，縱然我熱情如火，可是從來不敢探詢我在馬神父心中的分量，直到同年聖誕節的一次偶發事件，我才明白他是如此在乎我這個情感豐富的人。

那年，我本與另一位神父約好要去他服務的山區望子夜彌撒，然而這位拘謹的修道人卻因他人的閒言閒語，在我打電話來確定上山時間時，竟取消約定。難堪至極的我打電話給馬神父，在還拉不下臉對他敘述我的委屈與難堪時，馬神父卻以非常堅定的口吻說，不必再想這事，到靜山來與他一起過聖誕夜。

我如在汪洋中攀到浮木般地來到靜山，也與馬神父商量第二天的聖誕子夜能否與他一起外出做彌撒？馬神父愉快地答說「當然可以」。然而第二天一早，可能是複雜情緒及寫書壓力，我突然腹痛如絞，無法站立。馬神父火速將我送往醫院。

由於是聖誕夜，馬神父比平日更忙，我相當尷尬的請他先行離去，但馬神父就是不許，甚至拉把椅子在我病床邊坐下，閱讀晚間要講述的道理。直到午後，醫生確定是腎結石作怪，囑咐我壓力不可過大時，馬神父才放心的將我從醫院載回靜山。路上，他慎重地對我說，今晚不可隨他外出，要老老實實地待在修院裡休息，我不斷地央求他帶我前往，他卻溫柔的說，會找一位神父單獨為我做子夜彌撒。

晚上八點，馬神父外出後，年已八十一歲的黃振國神父來到我身邊，說馬神父請他為我做子夜彌撒。我們一同來到小聖堂，窗外星光滿天。我先向神父抱歉，稍稍敘述發生的事。黃神父卻慈祥地對我說，他很高興與我分享聖誕夜，說我本就該待在修院裡休息。

來自上海的黃振國神父，在十九歲那年加入耶穌會，這個團體向來以博學好辯與鐵的紀律出名，然而，在我面前的黃神父卻是如此溫文儒雅。直到今天，我仍然相當震撼當年已八十一歲的他，竟如赤子般的對生命及信仰充滿熱情，因為第八十一個聖誕夜，對他而言，仍是一個

黃振國神父（1909-2007）已在靜山長眠。他一生服膺信仰，積極度日。縱然已不在人世，我卻對與黃神父共度的子夜彌撒懷想不已，那是青年歲月中最別致卻又重要的一次聖誕慶典。

靜山的水塔為應付龐大修院供水，有好幾層樓高。白色巨塔在藍天輝映下有如草地上的一座雕塑。

充滿喜悅的節慶，他深信救主在兩千年前的今夜為世人誕生，讓會死亡的生命有了更積極的意義。

我仍記得，在修院內，他總戴頂法國扁帽，穿著一件褪色的淡紫棉襖，就算是炎熱的夏日，他也穿著長袖唐衫，安安靜靜地帶人做避靜（註4）。我與黃神父就這麼一次單獨相聚。在我去國多年歸來，向他提及有年與他共度聖誕、一起做子夜彌撒的往事，他抱歉連連的說，他已全然沒有印象。但就在我離開前夕，他卻前來對我說，在與我談過話後，他回去翻日誌，真有記載在馬神父要求下，他曾單獨與一位范先生做了台子夜彌撒。

這位修道人是那麼認真的看待生命中的每一刻，而那回聖誕夜更讓我明白：在人生不經意的失望挫折中，往往會有意想不到的另類驚喜。

挑戰信仰的晤談

我與馬神父的靈修晤談，從不是一種深怕忤逆教會體制，或是服膺官方說法的客套交談。事實上我極端厭惡自小在教堂中看來的宗教畫，尤其是一些以西方天主教聖人為題的小卡片，俱是繪自西方十九世紀很糟糕的甜美人物畫，畫中脂粉氣很重的聖人，有如芭比娃娃般的沒有靈魂。我也不信「慈母」聖教會這說法。這個教會在人類歷史上雖成就了不少偉大事蹟，卻也有極為黑暗的一面。

4：天主教的靈修方式，信友以一段時間遠離俗務，虔心祈禱默想。

我喜歡靜山的空與靜，雖然身處在一個得守規矩的靈修重地，我仍保有個人視野，以開放的心靈看事物。靜山修院建築大門上的基督像，在藍色的氛圍裡有種靜謐、出世的寧靜與悠遠。

馬神父是耶穌會士，又是西班牙人，父親更死於二十世紀初聞名全球的西班牙內戰，幾可想像！與他聊有關教會負面的議題會令他多麼不快。我從未想去激怒任何人，只覺得，人既然會犯錯，由人組成的教會也一樣，尤其當教會以糖衣或很多俗成觀念將我裹得快窒息時，我得奮力為自己找出在這信仰中所處的位置，和能繼續深入的介面。

某次交談，讓我與馬神父有了突破性發展。

話說，書寫《老家人》時，由於得安定自己，深入創作核心，我在寫作之餘，故意讀一些我想讀，卻又怯於接觸的名著，其中一本就是俄國文豪杜斯妥也夫斯基（Fyodor Mikhailovich Dostoyevsky, 1821-1881）生前最後巨作《卡拉馬助夫兄弟們》（*The Brothers Karamazov*）。這本有上百萬字數的名著，光掂它的厚度就足以讓我生畏，但還有什麼書在彼時更能安定我的心神意志？

我仍記得，當我讀到象徵救贖的伊萊莎在自己導師受辱時的震撼：

伊萊莎是卡拉馬助夫三兄弟中的老么，從小在修道院長大。他的大哥，是一位感性、但總是在善惡邊緣掙扎的脆弱人物。二哥，則是一位知性、卻對人性失望，讓邪惡支配自己的冷血動物。三兄弟中，善良的伊萊莎單純的有若天使，是人性在善惡掙扎中的救贖象徵，而猶如聖人的瑪西長老，更是他在修院裡的心靈老師與精神圭臬。

原本進行平順，進入全書核心的故事卻因為一句話而面臨嚴峻考驗。原來，有天瑪西長老死

人喜歡操控，信仰也往往被知識、學術理論化。教會體制對我而言猶如一面鏡子，與馬神父一起，我尊重卻不受這體制約束，因為我對這教會背後的大老闆，更有信心。

了，全城各階層該來、不該來的人都來了，他們深信長老是個聖人，聖者死時上天都會降下奇蹟，他們繪聲繪影的說某位聖人過世時，有些罹患絕症的人可不藥而癒、死者甚至能復活。從小自主日學聽慣這類型故事的我，也像書中教堂裡圍觀的群眾，引頸期待奇蹟發生。然而群眾中，這時卻有人說了句極不恰當的話。

這句話引起的騷動，讓我從睡眼惺忪的床上驚跳起來，整本書掉在地上。

我深怕激怒馬神父，試探地與他討論這段情節。未料，當我描述完前半部情景，正要進入最敏感議題時，馬神父卻微笑地回答：「那長老的身體開始發臭了！」原來書中那句不該說的話是：「我們是不是該把窗戶打開？」才不過幾個時辰，這被尊為聖人的長老屍體，卻已開始腐敗，旁觀群眾開始鼓譟，霎時，這被他們視為聖人的長老卻被說成偽君子，所有惡毒的言語，自這些本來滿是讚美言詞的旁觀者口中說出，安置長老遺體的聖堂頓時成為人間地獄。

我對馬神父說，這段情節幾乎揭掉了我自童年以來的信仰面具，直接挑戰我信仰的究竟是什麼？我更與馬神父說，這一百五十年前的小說，書中瑪西長老所闡述的道理和宗教審判官所提的疑問，教會至今依然無法回答。然而我與馬神父都明白，這本書最偉大之處，是那眼看自己老師橫遭羞辱而負氣離開修院的伊萊莎，在外浪蕩了一夜後，又回到修院的經歷。

伊萊莎回到修院聖堂，除了經壇上繼續朗讀聖經的院長，教堂內空無一人。室外寒風刺骨，但教堂門窗卻被全部打開，伊萊莎明白，老師的大體只怕是腐敗更劇烈了。昏昏欲睡的他，聽著院長繼續頌念誦《路加福音》，基督將水變成美酒的奇蹟：

聖經載基督有天與聖母、門徒被邀請去參加婚宴，宴席進行一半，聖母到基督跟前難堪地說：「他們沒有酒了。」歷史記載當時的迦納地區非常窮困，難得歡樂的婚宴卻沒有酒了。然而基督只微微地對母親一笑說：「女人，這不干我的事，我的時辰還未到。」然而聖母只轉頭對僕人說：「祂要你們做什麼，就照祂的吩咐做！」

半夢半醒的伊萊莎，矇矓間竟發現他深愛的長老也在婚宴席中，他滿臉光芒的對伊萊莎說：「我的孩子你為什麼如此悲傷？你瞧，我連給人家一根蔥的好事也沒做過（註5），祂就邀我赴宴。祂未視將水變酒太平凡，而不願成就。祂喜歡人們歡樂，為此祂將水變成了酒，還是上好的美酒，以延長他們的歡樂。」

伊萊莎這時自昏睡中醒來，了悟所有一切，他衝出教堂，在寒風刺骨、滿天星光的穹蒼下痛哭祈禱，他跪著親吻大地，為世上的一切不美好懇求原諒。如孩童一夜間長大，他記起長老的叮嚀：「你要到塵世中去，但你會再回來。」伊萊莎站起來，像個大人般，頭也不回地走出他成長的修道院。

自這次分享之後，我與馬神父對信仰有更深入討論，我知道他的信仰不是那種故作天真的無憂無慮，而是膽敢檢視每一個隱藏在人性中，不堪對外人道的黑暗層面。

開放的晤談，讓我更可與馬神父抒發不容於主流教會的見解。曾有人因我是教徒又從事藝術

5：俄國傳說，一個人只要對他人施予過一根蔥的小恩惠，就可憑藉這根蔥被提到天堂。

工作，而故意問我天堂的樣子？我總回問他們想看哥德、文藝復興還是巴洛克式的天堂（註6）？而可敬的馬神父對這議題倒是回覆的很簡單：「天堂啊，是個我們無法想像的境地！」與天主教相較，我的認知有時更接近東正教，他們相信神祕、一種無法以言語知識解釋的內涵。他們與羅馬天主教最大歧異是：受不了天主教那種斷言、絕對式（categorical）思考及恪守律法的（legallistic）宣教方式。

有回，我對馬神父說我讀林語堂對宗教內涵的看法：大師說宗教應「近人情」。由於林語堂的著作多為英譯而來，我特地將原書找來，只為知道這出自《莊子・逍遙遊》：「大有逕庭，不近人情焉」的近人情究竟源自哪個英文字？我笑著對馬神父說，原來大文豪是以reasonable 這字來表達，所謂reasonable 直譯就是合理、明辨道理之意。我玩笑般的對馬神父說我們這宗教就有很多不合理之處，例如要我相信彌撒禮儀中，聖餐禮的聖餅、聖酒象徵基督的身體與血液，我絕對尊敬且樂於去奉領，但若要我相信它就是基督的體血，讓我感到勉強。

我對馬神父說，有年我去美國南方拜訪一位已成為保守基督教會牧師的朋友，這位老友對我所有的看法大多以異端看待，除了無法溝通，甚至以長老姿態教訓我。我的怒氣終於在他舉行聖餐禮儀時爆發，當他畢恭畢敬地將紙杯中的「聖酒」遞給我，卑怯而嚴肅地對我說：「小五，請領受基督的聖血！」我眨眨眼的對他說：「這可是我們昨天在K Mart花了兩塊美金買的摻了很多化學原料的葡萄汁！」

6：西方宗教藝術，每一個時代因不同神學而有不同風格及內涵表現。

除了樓下小餐廳，我常駐足的地方就是聖堂，不過我在這從不是安靜地坐在椅子上，或跪在凳上虔心祈禱，而是緩步默禱。天主教聖堂因供奉象徵基督身體的麵餅，而認為基督在此。臨睡前，我總會來聖堂走走，走筆至此，我才發現我與基督的關係一直是個沒有期待、也沒有懊悔的現在進行式。有時在百般無解的狀態中，我竟會對著聖體櫃說：「太煩了，我得去睡覺，明天再說！」聖堂窗檯放了一瓶小植物，那麼不起眼卻又美得無以復加。就是這盎然生機的小物件，讓我在浩瀚無邊，甚至有點唯心的信仰追尋中，找到一個可攀扶、卻又讓人想祈禱讚嘆的管道。

再薄的紙若無風的借力無法飄起，再輕的人也無法將自己舉起來。我從不覺得信仰與日常生活有衝突。我不是宣道者，但體會過美感經驗的人，絕不會將這無法與外人道的經驗捨棄。這感受不如人云亦云般的神祕，事實上，它往往平淡無奇的讓人未曾察覺。恰如靜山晒衣場的床單，在陽光、和風輕撫下，美得教人讚嘆。

我不會去探究我與馬神父如此契合的原因？但我珍惜與馬神父每一個共處時光，縱然我有很多與教會主流牴觸的想法，但我從馬神父身邊總獲得連自己也感到訝異的勇氣。

多年前，當我因《公東的教堂》得不到相關人士的支持與肯定，準備放棄卻又不甘心之際，我打電話給馬神父，我未直接對他說明我的挫折，只試探的問他：身為修道人，他有沒有那種陷入黑暗，覺得上帝離他很遠的經驗？就教友立場，這樣問神父簡直是大不敬，身為傳道人的神父怎會有這樣的處境？未料，馬神父在電話那頭平靜地告訴我：「當然有！而且不止一次！」我深受震撼的繼續追問他：「那你怎麼處理？」馬神父仍以他一貫沉穩的口吻說：「我會更努力相信，祂一直與我同在，沒有捨棄我。」我雙眼噙著淚對馬神父說：「我不知道你的上帝究竟偉大到何種程度，讓你這樣一往情深，從不抱怨的信任祂。我只能就我的立場表白：若你的上帝存在，他一定會祝福我們的友誼！」掛上電話，我開始書寫《公東的教堂》，期間還去了趟瑞士採訪教堂設計師達興登先生。四個月後，我將全書圖文完整的交到編輯手中。

馬神父為我完成了一本接一本的著作高興，由於中文不好，除了照片，他很少閱讀我寫的內容，有時，若時間允許，我會逐字將內容翻譯給他聽。《公東的教堂》前一部著作《山丘上的修道院》前後花了我二年工夫。裡面某些見解，在書寫過程中帶給我不少壓力，例如當我把無神論藝術家創作直比虔敬僧侶的祈禱，且認為他們同樣在為心靈提供養分，為腐朽的生命營造不朽的精神時，我很擔心這個觀點會遭致教會批評。

直到書出版，我念著書的內容，才恍然大悟的對馬神父說，這個教會壓根未曾在乎我！而我

我很難遵守傳統經院的祈禱方式，但我卻在簡單到無以復加的樓梯間，看出一番詩意。那幾何方塊圖像蘊含著一股深沉的寧靜與秩序。讓一個在此默觀的人，也漸次融合在那一個安靜、富有節奏的秩序裡。

也突然明白，我對這教會割捨不下的，不過是習自童年一種對安全感的依賴，對道統、權威體制的服膺。而那位充滿父權的上帝，在步入半百的我，早已像心理學家愛引用希臘神話「子弒父」隱喻的攤牌地步（註7）。

有馬神父在身邊，我對這樣的覺醒，竟一點也不懼怕，從他身上，我知道那位上帝遠超過我，甚至這個教會的認知，所有關於祂的圖像，只不過是人們對祂的想像與情感投射。我與馬神父開放但守分寸的談性、談婚姻議題，甚至神職人員也會罹患卻羞於啟齒的憂鬱症等，都在我們的交談範圍。在與馬神父晤談時，我才明白，我亟欲追尋的上帝就像基督說的，「是活人，而不是死人的上帝。」（註8）

要記著，天上有位深愛著我們的天父

我的咖啡早涼了，我得趕緊下山去了解馬神父的檢查情況。當我踏入病房時，靜山的楊神父指著我對病床上的馬神父說：「還認識這是誰嗎？」馬神父露出笑容說：「當然知道，是尼古拉斯啊！」前來會診的醫生看見病房有許多訪客，問到哪一位是家屬時，我隨即回答：「我們都是，請說無妨。」醫生判斷馬神父是因為帕金森氏症，一個閃神而失足。或許是為了安慰自己，我趕緊問醫生，這摔倒是意外還是帕金森氏症必然的結果，我甚至問馬神父能否再回靜山？（註9）

7：一個人成長階段大多以自己雙親的模式為學習對象，但一個成熟的人為了獨立完整，有時不得不擺脫習自親人的框架模式，一種類似毀滅自己父親形象的比喻。

8：新約聖經，馬爾谷福音第十二章，二十七節。

9：耶穌會對於年老、需要被照顧的會士，都會送往台北輔大神學院的頤福園靜養。

馬神父總說「上帝是愛！」然而身而為人就是在探索、體會、體現這「愛」的深度，且為它受試煉。從修院頂層，俯瞰樹叢，彷彿置身雲端。屬於人間的一切總是沉重。對著樹梢端詳，卻有一種乘風而去的快感。

對我而言，馬神父是靜山的同義字。我的馬神父生活規律，每日他總要在靜山的庭園走上幾回。他總是默默地、有時手上還拿著念珠，唸著玫瑰經。我不敢來沒有馬神父的靜山，在這想念他會讓我極端難受。我在靜山能這麼逍遙自在，是知道他總在修院某處，我一定找得著他。

我頭一次感到馬神父真是老了。仍記得第一次上靜山時，馬神父雖不壯碩卻很有精神，微微發福的他，穩的像座山，讓人很有安全感。我更記得由於我好動、難以安靜，他偶爾還會帶我往還沒有闢建為高爾夫球場的後山走走，甚至在拜訪他後，親自開車送我到火車站搭車，而我竟有好多年沒坐他的車了。

多年前，我還非常在乎他是否愛我。此刻，我卻捫心自問，自己有多愛他。我對他的愛是否是一種孺慕，甚至是戀父情結般的不健康投射，我能否接受他有天需要被照顧，我會不會像母親當年病危時，每當有護士來給母親打針，我都會不忍、不知怎麼辦的蹲躲在病房外……在長年將馬神父視為精神支柱，甚至靠山時，我是否成熟到能接受他也有軟弱，甚至全然無助，需要被呵護安慰的時刻。

在他幾度身體不適、精神消沉時，我還與他開玩笑說：「你不能死喔！我還有很多事需要你幫忙！」馬神父總為我這不正經的玩笑幽默地回答說，他會努力。然而當我看到他身體不適，卻又強打起精神，不知如何是好時，竟對他說：「你的上帝真差勁！祂為什麼創造人，又要讓他們衰老、病痛、死亡。口口聲聲說愛世人，我看祂簡直有虐待狂。」馬神父聽到這話總是苦笑而平靜的對我說：「尼古拉斯！我們一定要記著，天上有位深愛著我們的天父！」就不再言語。

這麼多年，當我急欲與馬神父分享我的所有作為時，我才發覺我對馬神父的了解極其有限，

我在靜山前後度過一段不算短的日子。而今我就快追上馬神父初見我時的年紀。那一段跌宕起伏的靜山歲月，讓我學會了自處。一種無論身在何處，都能安適於當下的自在。恰如修院四樓北面陽台的花磚，簡單的幾何圖案，隨著光線變化竟也有令人讚嘆的豐富表情。

我甚少過問他的私事，因為這不是天主教避靜、輔導與被輔導者的倫理關係，縱然我們已超越界限，成為無話不聊的朋友，但我也從不知馬神父對我的信任有多深，直到有本關於他靈修輔導出版的計畫觸礁，我才知道這信任帶給我多少壓力？

原來，馬神父在某位神父的邀請下，希望能在退休前，將畢生的靈修輔導經驗出版成書。然而在他交稿後，計畫卻如石沉大海，沒有下文。有天，我來跟他要這批交出去的稿件副本。細讀後，才知道這批稿子是以他們會祖聖依納爵．羅耀拉所著《神操》（註10）為本所寫的專業輔導、提醒與說明筆記。

我拿著那不到五千字的文稿，開玩笑的對他說：「你是我最親密、重要的心靈導師，更是讓很多人獲得幫助的靈修輔導，但你卻也是最差勁的作家！」因為這文稿就是放在閱讀人口不多的天主教出版社也難以發行。

然而既然答應為馬神父處理這份文稿，我甚至思考如何將層面拉開，轉換成較現代，能放在一般出版社出版發行的書籍。為此，在獲得他准許後，我獨自在他的辦公室翻箱倒櫃，找尋任何能豐富這本書內容的素材。

在翻閱資料時，我不只一次停下工作，自省能否當得起他這般信任？然而我在他的小辦公室一直工作到半夜，竟什麼也沒找到。原來他的生活除了靈修，竟不留任何個人物件，甚至連當年他在台灣晉鐸（註11），他的母親為他從西班牙寄來的聖爵（註12）也下落不明。

10：聖依納爵．羅耀拉以新約聖經為本所書寫的靈修輔導書籍。

11：天主教男修道人由修士進階為神父。

12：彌撒禮儀時用來盛象徵基督鮮血的葡萄酒杯。

現代人最大毛病就是無法安靜，離開科技產品就惶惑不安、深怕被人遺忘。在靜山可輕易體會到時空的龐大，一個無法與當下相處的人，在這兒，不要太久就會焦慮不已。在靜山期間，我常在樓梯間、陽台上看日升月落。「慢活」在這不用被提倡，這是靜山最基本的生活態度。

與馬神父多次相聚，他最珍惜的是一張早已發黃，被他夾在聖經中的照片，那是他八歲那年，與父親在家鄉畢爾包（Bilbao），途經一座大橋時，被一個兜生意的攝影師所拍的照片。相片裡的他身著水兵服，牽著父親的手過橋。那是他對父親唯一的紀念，因為他的父親在他十一歲那年，西班牙內戰時，遭到人民陣線的左翼聯盟軍射殺過世。我從未聽過他為此抱怨、憤怒，他相信自己的父親早在天國、一個更好的地方。而我也從不願在西班牙內戰這議題上與他多做討論，因為那除了無法挽回他父親不在的事實，更無濟於我們對這事的見解。

馬神父不似從事藝術工作的我，善於表達情感，僅能從一張發黃相片中的父親影像，表達無限想念。就此，我曾與他分享一部我相當喜歡的墨西哥電影《最後的美麗》（Biutiful），這部二〇一〇年發行的電影，片中主人翁在影片一開頭與一位年輕人在風雪中對話。一直到電影最後，才明白原來與主人翁對話的年輕人，竟是男主角從未謀面，卻因為革命而慘遭暗殺的父親。

就像散文家楊絳女士（1911-2016）所著《走到人生邊上》：她已活過了所有逝去長輩的年紀，若能再相見，究竟會以什麼面目甚至倫理關係相見？馬神父說他從未想過這議題。但在我的感覺裡，無論我們是否活過親人的年紀，那個在我們心底深處的人，永遠有個無法被取代的倫理位置，我甚至覺得在精神面，他們不會因肉體死亡就停止成長。

古老的天主教對性，尤其是對同性戀、離婚這些議題向來保守。我這個從不隱瞞自己性向的人與得守獨身、貞節誓願的神父走得這麼近，難免引起人們臆測。也多虧馬神父的成熟，在我

馬神父對自己父親最深刻的記憶是來自這張小小、早已發黃的照片。照片中的他正牽著父親的手過橋。這張照片長期被他放在自己的每日祈禱書裡。而今馬神父已活過他父親當年過世的年紀，然而，他對父親的印象卻如這張照片般的永遠被停格。

面前，從未表達他的尷尬，更不擔心遭人非議，或要我對他保持距離。就是這份定力，我反而能更正面的看待性向問題。

我對他說，有回，一位愛嚼舌根的修道人蝎蝎螫螫地問我是否與某位交好的修道人有超友誼關係？我故意眨眨眼的對他說：「你說呢？」就不再回答。他後來緊接著問，若一位修道人對我示好，我會不會接受他的親密邀請？他本以為我會義正辭嚴的教訓他，但我卻讓他跌破眼鏡地回答：「如果那個人很好看、有趣，I think I'm going to have a good time！」

馬神父對我的敘述只是忍住笑地搖搖頭。然而我也常為這教會對性的詮釋感到膚淺、不耐，事實證明，不健康的壓抑只增添了更多害人害己的悲劇。然而我也不會懷疑很多修道人遵守貞節的誓言。在與馬神父多年深談、交流中，我益發明白，對有些修道人而言，「性」早已不是如洪水猛獸得嚴加防範的課題。深邃信仰中含有外人視作神祕，世俗情愛無法比擬的境界。

馬神父當然是守貞節的修道人，但從他的待人接物中，我從未感到他的不自然與壓抑，在他的修道生涯裡，他早已將自己全然獻給天主，讓自己全然屬於祂。

而那個來自半個地球外的青年Mariano，又如何成為落腳於台灣的馬志鴻神父？

馬志鴻神父

馬神父一九二七年出生於西班牙北部的工業大城畢爾包。十七歲那年，當二次世界大戰仍如

《紅樓夢》描寫金陵十二金釵之一賈惜春的歸宿：「可憐繡戶侯門女，獨臥青燈古佛旁。」那可能是對映曾經富霸一方的賈府。一個人在靜山房間，相對的就是一盞孤燈，然而我一點也不覺得可憐、寂寥，反而更能知覺內心的靜謐。

火如荼進行時，還是青年的馬神父在羅耀拉城加入了耶穌會，在此之前，他擔心家人反對，常偷偷以一般人看不懂的拉丁文或希臘文書寫自己的靈修感想，更立誓要將自己奉獻給天主。

在入會兩年後發了第一次誓願（註13）。國共內戰結束那年，他來到遠東的菲律賓學習中文。一九五五年從菲律賓來到台灣新竹芎林鄉服務，至此青年Mariano成了馬志鴻修士。

我們從少數幾張當地學生歡送馬修士的紀念照中，驚見濃密黑髮的馬修士當年是如此英挺端莊。一九五九年春，距馬修士生日前二十天，他在新竹被晉升為神父。一年後，馬神父轉往越南服務，隨後又到羅馬繼續深造。一九六五年，馬神父又回到越南任神修指導，一直到一九七六年被北越政府驅逐，他前後在越南待了十幾年時光。因此，除了他本來就精通的拉丁文、義大利文及法文外，馬神父的越南話也說得跟中文一樣流利。八〇年代，當大批越南船民被留置澎湖時，會說越南話的他，每個月都會從彰化去服務那兒的難民。

除了越南，台灣是馬神父待過最久的地方了。一九七七年，他回新竹複習中文，隔年來到彰化的靜山修院，馬神父在靜山修院整整待了三十七個年頭。當修院靈修輔導神父來來去去、轉換工作之際，馬神父卻如一棵大樹般的在靜山扎根，也難怪在我心中，馬神父就是靜山的象徵與同義字。

馬神父來到靜山的十年後，我也來到靜山，當時靜山還有三位被馬神父指導的初學修士。這三位修士年紀與我相當，但性格思想迥異。直到步入中年，我才明白，馬神父多懂得因材施

13：天主教修士階段有發願儀式，先是一年、兩年的暫願，最後才發終生願，立志此生過修道生活。

沉穩的馬神父也有年輕歲月。然而他很早就立志當耶穌會神父，為此，他沒有令人好奇的羅曼史，他的神修主要是在幫助他人辨識自己的信仰途徑。除了台灣，越南是他待最久的地方。也許早將自己交託給上帝，據說，當北越大軍的子彈在他服務的修院響起時，他仍是不動如山的繼續祈禱。

一九五五年由菲律賓來到新竹的Mariano變成了馬修士，他第一個工作是在芎林教英文。升為神父不久，馬神父前去羅馬進修。這張攝於一九五六年的送別紀念照，悄悄透露出那個時代的氛圍。

教，他相信每個人都有來自上帝的稟賦，他的工作，就是陪他們辨識，進而盡情發展、開發自己的潛力。例如，他從不鼓勵我走修道這條路，他明白告訴我，我的聖召不在這方面。他甚至覺得我不必像一般教徒，勉強恪守禮儀規範。

馬神父當年給我無法想像的自由，例如我不喜歡跪在教堂裡祈禱，而喜歡以歌唱抒發信仰，他會把我帶往靜山另一處空會堂，讓我不會打攪到別人的唱個過癮。當我對他表明，實在很討厭如唸經般的念誦玫瑰經時，他也不以為意。有時，我覺得自己太與眾不同，怕走上歧路，他總肯定地對我說：「藝術家，認真、誠實地作你自己，天主會看顧你。」

雖然我忠實於自己的感覺，但現實人生總有難以辨識的迷惑，有將近七年時光，我以生命答覆一個不容於教會教導的情感召喚，雖然馬神父曾表態不贊同，卻未橫加阻止，而我也在幾次掙扎後決定往前，因我相信若碰到麻煩，他會在這等我。

馬神父花了很久時間接受我與另一人的關係，但在我遭遇背叛，遍體鱗傷的回到他身邊時，他未置一詞，只盡力陪我療傷。情變一段時間後，偶爾我還在為所發生的事傷感，他總會堅定地說「不值得！」我起初以為他是以修道人的立場，將這一切視為擾人心靈的紅塵俗事。後來，我才明白，他雖有修道人的慈悲，但對一個會背叛與糟蹋他人信任且不以為意的人，非常不以為然。

我因為馬神父而對靜山衍生很多情感。

除了餐廳這小角落，我很喜歡上到修院建築頂層，一處可瀏覽整個大彰化地區的平台。我曾

這張照片是我的好友徐世經所攝。一九八八年我們一起執行一個專案，趁工作之便，世經送我來靜山。因為他，我才有這張與馬神父的合影，照片中的我又瘦又乾。而我從未料到，那麼依靠馬神父的我，有天卻倒過來，因擔心他走路不穩，此刻與他同行，我一定將他的手牽得牢牢不放。

幻想，若從修院啟用那天，在平台某處架台相機，三不五時的以同一角度對山下俯拍，將可見到大彰化地區幾十年來的變化。山下景觀，天翻地覆，但靜山的一切卻不動如山，恰如修院建築入口處的一副對聯，「靜裡乾坤大，山中日月長」。在沒有網路、手機的時代，由於沒有報紙、電視、收音機，天地中的靜山全然與世隔絕，所有住進這兒的人，自然得放下一切，在深沉的寧靜中體驗到一種恆定於當下的合一。

早年，我的朋友為我總往靜山跑，充滿好奇。有回，幾位從事舞蹈創作的好友與我到這兒幫忙採咖啡豆，我們一早從台北驅車前來，在林間，雖被小黑蚊叮咬，卻仍心無旁鶩，汗流浹背的將咖啡豆一顆顆自樹上摘下放進桶裡。當天沖完澡用過晚餐，要回家前，大夥坐在修院陽台上看著天上的星子與山腳下的萬家燈火。我們沒半個人出聲，甚至連最愛的音樂也不敢聽，因為擔心美麗的樂音，會將我們最後的矜持瓦解，屆時可能連藝術都放棄追求而在此當長工。

確定馬神父可回靜山修院後，我又驅車南返。在還來不及放下憂慮，慶幸他終能回靜山生活時，馬神父再度跌倒。

這回，修院將馬神父送往台北耕莘醫院診治。知道消息後，我日夜兼程的趕車北上。來到醫院，他有點挫折地對我說，不要再來這看他，他出院後就要轉入輔大頤福園。那日，從醫院出來，直到南返前，我在台北街頭，像個遊魂般的浪蕩了一日。馬神父終於要離開靜山，我生命中最寶貴、最衝擊，甚至最美好的一段成長歲月，終將成過去式，永不復返。

只要有相機在手，我都會隨時替馬神父拍照。我早就不藉攝影來認識馬神父，但我卻想藉著影像將他與我一起的時光凍結。馬神父很少向人傳道，他不會跟人講神學大道理，但他會努力告訴人「愛」的精神，對他而言，那就是信仰的全部。

縱然是極富經驗的靈修老師，馬神父卻從不怪力亂神，某回，有位焦急的婦人來找他求救，說自己兒子被魔鬼附身。在馬神父與這位青年交談後，他仁慈地對這位婦人說，請盡速將孩子送往醫院接受精神科醫生診治。

在一般人觀念裡，靈修相當唯心而往往漠視肉體狀況，然而馬神父卻非常重視人的身體健康，他清楚知道這個隱藏著靈魂的軀體會如何影響一個人的心靈意志。也為此，馬神父曾表明：身體病痛，若能以醫療及藥物解決就應循此之道，而不是不面對現實的寄情於祈禱中，他更不似受相同訓練的同代修道人，有時會將病痛視作補贖及奉獻般的自我虐待。他更將罹患疾病是來自上帝懲罰的說法視為無稽。

靜山頂端的十字架，大老遠就可看見。在這簡單十字架下，能俯瞰紅塵卻又遙望天際，恰巧是我在這宇宙人間所處位置。

靜山四樓的陽台最接近天堂，天堂在哪？不知道，但那個無盡天空，夜間星光滿天，甚至可看到銀河的地方，夏日時，一陣涼風吹過，讓人身心舒暢，俗慮盡消，進而體會一種身而為人的美好。

年輕時，在靜山一待就是幾天，每回下山，總有種自淨界回到人間的錯覺。從靜山頂端陽台俯瞰山下，天地蒼茫，除了不覺得瀟瀟寂寥，竟有種無法言喻的充實感。如何善過每一天？在網路橫行的年代，是個總被輕忽的課題。

跨越四分之一個世紀的友情

「你怕死嗎？」

「一點也不！但我難免擔憂到生命最後，我將無法自理生活。」

轉眼間，馬神父已入住頤福園一年多時光，我趁返台有限的時間來探望他。

「那我們就祈禱祂會給我們在睡夢中離去的恩典！」

我怎會如此豁達的鼓勵馬神父？所有友誼故事最後不都有萬千不捨的情緒？我又如何定義這一場跨過四分之一個世紀的友情？

馬神父的身體越來越虛弱。在頤福園，他很多時候躺在床上閉目養神，每回拜訪他，我總是在敲門後就逕行進入。

有回，他衣冠不整，蓋著薄被躺在床上，一見到我，他萬分抱歉。

「既然躺在床上，自然不必穿那麼多衣服，」我盡量減低他的尷尬。

日近中午。馬神父說他沒胃口，管理人員進門哄他起床吃點東西。他吃力地坐起，我蹲下地，幫他雙腳一一穿進褲管，將長褲提起，再小心翼翼地將他扶起床。我很高興能為他做點事，卻又擔心傷到他的自尊。我多清楚他對自己、包括對我，都永遠想保有一個端莊、全然自主的形象。

每次返台，我總要來看馬神父，他年紀大了，身體又不好，我們共聚時光不多。我們從不忌諱聊死亡。有回我來看他，他告訴我前兩天有位老神父過世，此刻就冰在地下室，問我想不想看？

我挽著他的手往地下室走去。隔著冰棺玻璃，不再有呼吸的老神父猶如睡著一般。回到一樓，我開玩笑的對他說，這邀請真是詭異，但我更喜歡挽著他的手。不知從何時起，馬神父的房間多了一台輪椅，我卻希望他永遠不要坐上這代步椅子。

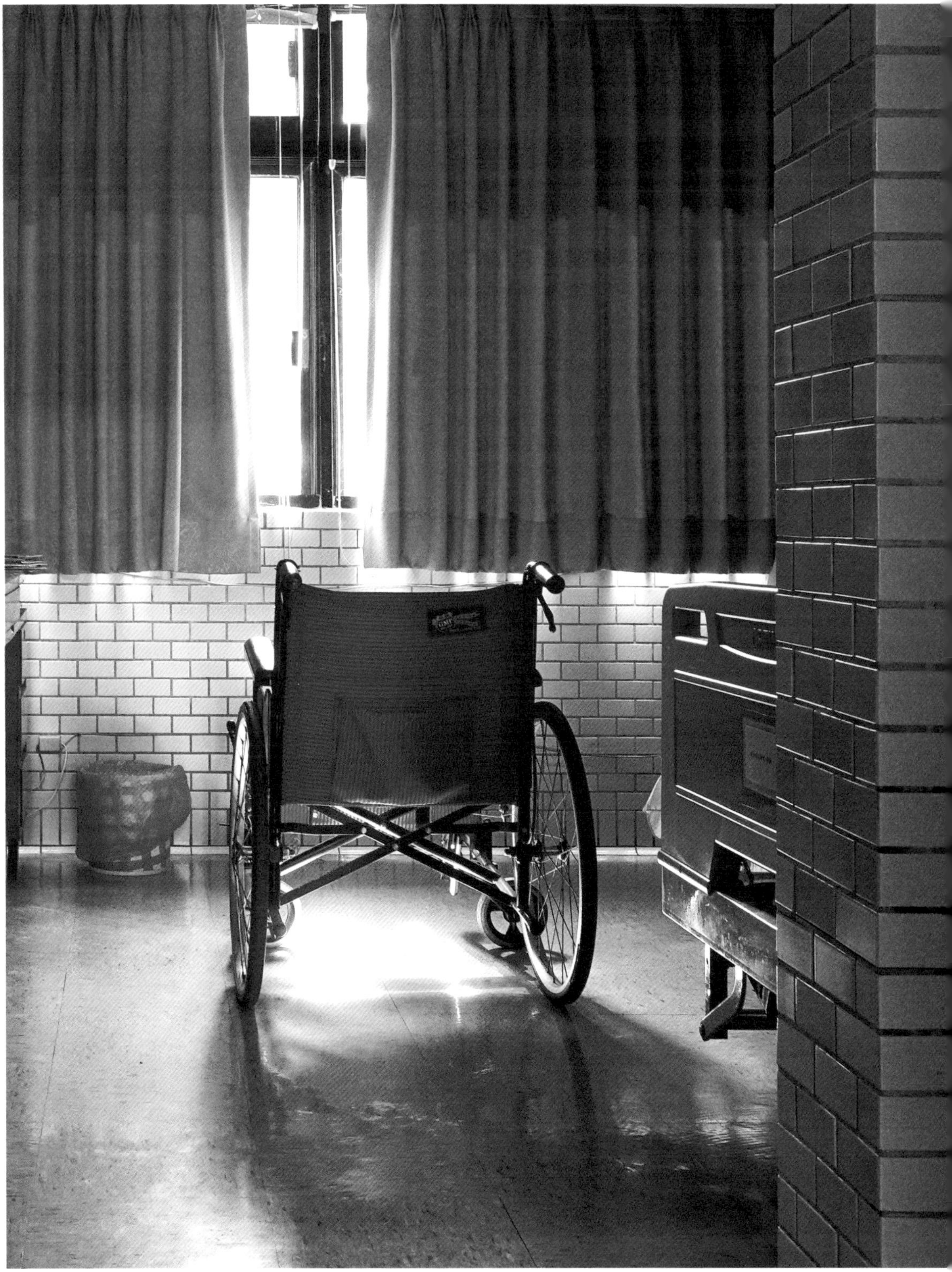

午餐後，我挽著他出門、進庭院散步，這才發現，不知打何時起，我們的步伐往往只是半個腳掌的距離，因此，光從他的房間走向大門就得好幾分鐘。緩慢腳步中，我驚覺過去幾十年，我與馬神父的關係一直是種活在當下的現在進行式，如此說來，我對天堂還有什麼期待？所有的信仰不都在殷切地告訴信徒，有個更美好的世界在死亡背後等待。

「天堂啊！是個我們無法想像的境界！」我想起馬神父的話，卻淘氣地對他說：「那萬一我們閉眼就不再醒來，那會不會是一種永恆、近似虛無的寂靜？」

這玩笑無法回答。

我們並肩坐在樹下椅子上享受涼風吹拂，光影在樹梢間游移，無言中，我發現我們從未對彼此承諾，說什麼在天堂相隨的道理，直到此刻，我益發感到，馬神父對我的關係從來不是高高在上的帶領，只是一種淡淡，難以言傳的陪伴。一時間，我竟感到這不就是信仰在闡述人際關係時，最高深複雜與最難做到的部分。

我從沒有幻想有天馬神父離開人世時，我會溼答答的眼淚掉個不停，或在追思彌撒中，在與我們無關的陌生人面前，略帶虛榮地見證我們的友誼，甚至發表那種他會在天堂等我，我們會在基督中相逢的宗教式寄語。

但有點我會確定：

「啊！你來了。」

若我們身後能再相見，我相信，馬神父或我的表情，應一如他在雨後靜山見到我時，充滿驚喜、一臉笑意的模樣。我會如往常般，緊緊挽起他的臂彎，告訴他我打哪來，又經歷了什麼事。

去頤福園拜訪馬神父，他用餐時，我就在小聖堂等他，然後陪他散個步，待他準備午睡時再離開。馬神父很難受不能邀我一起用餐，我對他說，反正他們的東西不好吃，我不在乎。我很喜歡這張在等他用餐時，在教堂窗邊拍到的影像，那平凡畫面裡有那麼細膩的肌理細節，淡淡的、雋永的有如一首小詩。我與馬神父共處的點點滴滴恰如這張影像，如此平凡卻又如此深邃動人。

現代人講求效率，更講求投資報酬率。信仰若抱此態度，恰若將土裡種子不時挖出，看是否生根發芽？植物鐵定無法存活。基督所比喻的芥菜種信心恰是如此。人間無法久長，但一顆芥菜種，有天會長成大樹連飛鳥都棲息在上面。

一九八八年我初上靜山，有位匈牙利籍的老修士故去，在此舉行殯葬彌撒。禮儀前，我隔著棺材玻璃蓋仔細端詳他，卻被一位神父嘲笑：「沒看過死人？看那麼仔細幹嘛？」我頭也不抬的回說：「是沒見過！」他立時驚叫起來：「你跟本是個Baby！」

人的身體會變老，人世的一切也都會過去，但在更古老的宇宙造化面前，我們應只是Baby。馬神父老了、病了，但在他所信仰的上帝前，他仍有個稚真的心靈。若問他上帝是什麼？他會毫不猶豫的回答，「是愛！」

後記

這幾年，我將創作以紙本書籍形式發表，為此，我常在拍、寫過程中，天馬行空的幻想這書的面貌：從設計、裝訂、印刷都在思考範圍，甚至連內文書寫都尚未有個具體方向時就想好了書名（註），預設的標題宛如暗夜中的明燈，為仍在摸索的文字書寫找到清晰方向。然而這本《普羅旺斯的聖誕夜》全不是這樣。我極少將切身經驗付諸創作，頂多是與朋友茶餘飯後，如說別人故事般的輕描淡寫。

「怎不把它寫出來？」朋友的鼓勵讓我吃驚：私人感觸說說就好，不值得書寫，遑論出版。

然而，我到底無法忘懷那已不在的朋友、親人和往事，藉著創作空檔，如抒壓般的將這些曾與朋友敘述的故事付諸文字。我仍記得，多年前，當人生近乎谷底時，只要想起早逝的菲利普

註：《海岸山脈的瑞士人》、《山丘上的修道院》、《公東的教堂》等書籍，都是先有了書名，文字、攝影再順著這標題一路成型。

先生，仍會怨他這麼早就去了天堂，不然我就可躲進他位於里昂舊城區的家，沉澱、喘息。

我從不喜歡如過來人般的對他人講述人生道理。例如，我曾試想，在某一個告別式上見證與朋友的情誼：「你們相信我與逝者以後會在天堂重逢嗎？」若在傳統教堂裡，一定會聽到信友「當然會！」的熱烈回答。若真是如此，我們除了無須悲傷，夾雜著哀悼情緒的見證也大可省略。為此，我有個小小感悟：對人生的信念用不著別人來說長論短，我們會為所相信的受到試煉，恰是如人飲水，冷暖自知，我們總在為自己所相信的付出代價。

我很感激，我雖曾為某些人與事感到惶惑，但最終仍能不忘初衷的維持住自己的信念，我書中寫到的〈安端神父的告別〉、〈我的〈聖母頌〉〉恰是這樣的例證，而〈靜山．馬神父〉更是如此。直到最近，我仍按時打越洋電話給馬神父，每回電話接通時，我總在電話這頭高八度的喊出「Father!」而馬神父也雀躍的以我的聖名「Nicholas!」回應我。

被愛與去愛何者較難？不必多言。例如年邁的馬神父總會給在西班牙，同為帕金森病症所苦的修女妹妹打電話，由於老修女已無法言語，據說在別人為她接通電話後，馬神父在電話這頭輕聲細語，只為讓老妹妹知道，他未曾稍改的關心與鼓勵。我很慶幸馬神父至今仍頭腦清晰：我實在沒勇氣接受一個沒有回應的電話。

這不免讓我想起，馬神父總對我叮嚀的「天主是愛！」我會不會也常在自己的生活裡對祂的呼應了無回應？

這本書得以實現，首先要感謝我的好友嚴建勛，他很認真地讀完每一篇故事，告訴我他的感覺，讓我有勇氣將這些只說給幾位好友聽的故事與更多人分享。

我更要謝謝積木的編輯，《普羅旺斯的聖誕夜》書名就是她們所取，我預想的書名本是最後一章〈靜山．馬神父〉。我私心的當然想將馬神父舉揚到最前，然而我相信馬神父一定會認同：「只要我真誠又良善的生活著，就當得起這世上的一切美好事物。」的標題與他所闡述的「上帝是愛」的道理相去不遠。我們本不就該愛自己、近人，珍惜與寶貝這世上一切受造物。

我花了段時間接受編輯所取的書名，在我狐疑不定時，建勛女友在電話那頭說這是個好書名且認真地對我說，要我體會女孩子的感受，不要總以我大男人的邏輯思考。我很高興我還有機會學習：能以孕育生命的女子思維擁抱這書名。

雖不喜當宣導者，我仍鼓勵每一個人正面擁抱自己，愛自己與近人，讓每一天都是一個近似奇蹟的復活節與充滿喜樂的聖誕節。

普羅旺斯的聖誕夜

十二篇關於生死、友誼的生命故事

A Christmas Eve in Aix-en-Provence

作者／范毅舜（Nicholas Fan）｜校對／萬淑香｜特別感謝姜捷、黃麗玲女士協助校對
總編輯／王秀婷｜主編／洪淑暖｜版權／向艷宇｜行銷業務／黃明雪、陳彥儒
發行人／凃玉雲｜出版／積木文化｜104台北市民生東路二段141號5樓｜官方部落格：http://cubepress.com.tw/｜電話：(02) 2500-7696　傳真：(02) 2500-1953｜讀者服務信箱：service_cube@hmg.com.tw
發行／英屬蓋曼群島商家庭傳媒股份有限公司城邦分公司｜台北市民生東路二段141號2樓｜讀者服務專線：(02)25007718-9｜24小時傳真專線：(02)25001990-1｜服務時間：週一至週五上午09:30-12:00、下午13:30-17:00｜郵撥：19863813 戶名：書虫股份有限公司｜網站：城邦讀書花園　網址：www.cite.com.tw｜香港發行所／城邦（香港）出版集團有限公司｜香港灣仔駱克道193號東超商業中心1樓｜電話：852-25086231｜傳真：852-25789337｜電子信箱：hkcite@biznetvigator.com｜馬新發行所／城邦（馬新）出版集團Cite (M) Sdn Bhd｜41, Jalan Radin Anum, Bandar Baru Sri Petaling,｜57000 Kuala Lumpur, Malaysia.｜電話：603-90578822｜傳真：603-90576622｜email: cite@cite.com.my
美術設計／楊啟巽工作室｜製版印刷／上晴彩色印刷製版有限公司
2016年（民105）11月24日｜初版一刷｜2016年（民105）12月14日｜初版二刷｜ Printed in Taiwan.｜售價／450元｜｜ISBN 978-986-459-063-6

國家圖書館出版品預行編目(CIP)資料

普羅旺斯的聖誕夜 / 范毅舜著. -- 初版. -- 臺北市
: 積木文化出版 : 家庭傳媒城邦分公司發行,
民105.11
面；　公分
ISBN 978-986-459-063-6(平裝)
855　　105019022

A

Christmas Eve

in

Aix-en-Provence